Brotes y Germinados Caseros

Dr. Soleil

Brotes y Germinados Caseros

EDICIONES OBELISCO

Si este libro le ha interesado y desea que le mantengamos informado
de nuestras publicaciones, escríbanos indicándonos qué temas son
de su interés (Astrología, Autoayuda, Ciencias Ocultas, Artes Marciales,
Naturismo, Espiritualidad, Tradición...) y gustosamente le complaceremos.

Puede consultar nuestro catálogo en www.edicionesobelisco.com

Colección Obelisco Salud
BROTES Y GERMINADOS CASEROS
Doctor Soleil

1ª edición: junio de 1994
3ª edición: abril de 2003

Título original: *Graines germées, jeunes pousses*

Traducción: *Sandrine Buzenet*
Diseño de portada: *Josep Ubach*
Ilustraciones: *Anja Bell - Alain Mermoud*

© 1983 by Editions Vivez Soleil
(Reservados todos los derechos)
© 1994 by Ediciones Obelisco, S.L
(Reservados los derechos para la lengua española)

Edita: Ediciones Obelisco S.L.
Pere IV, 78 (Edif. Pedro IV) 4ª planta 5ª puerta.
08005 Barcelona-España
Tel. 93 309 85 25 - Fax 93 309 85 23
Castillo, 540 -1414 Buenos Aires (Argentina)
Tel y Fax 541 14 771 43 82
E-mail: obelisco@edicionesobelisco.com

ISBN: 84-7720-370-9
Depósito Legal: B-16.650-2003

Printed in Spain

Impreso en España en los talleres gráficos de Romanyá/Valls S.A.
Verdaguer, 1 – 08076 Capellades (Barcelona)

Ninguna parte de esta publicación, incluso el diseño de la cubierta,
puede ser reproducida, almacenada, transmitida o utilizada en manera alguna
por ningún medio, ya sea electrónico, químico, mecánico, de grabación
o electrográfico, sin el previo consentimiento por escrito del editor.

PRÓLOGO

La alimentación es uno de los mayores problemas de nuestro planeta. En los países industriales, la contaminación, las conservas, los productos envasados y el exceso alimenticio afectan a la salud de las personas de manera tal que ponen en peligro a toda la sociedad.

En los países del Tercer Mundo, la subalimentación sigue siendo uno de los mayores conflictos a pesar de algunas políticas con resultados reconfortantes. La carga de las costumbres y de las estructuras sociales ocasionan desperdicios y lo único logrado por la ayuda exterior ha sido aumentarlos aún más.

En todos los países, desde el este hasta el oeste, desde el norte hacia el sur, se come mal, se echan a perder los recursos de nuestro planeta y se produce un sinfín de enfermedades físicas y psíquicas. Incluso la sobrealimentación de los países ricos es en realidad una subalimentación: es una sobrealimentación cuantitativa pero una subalimentación cualitativa.

Para liberarnos de las costumbres alimenticias suicidas de las sociedades industriales, para asegurar a los habitantes del Tercer Mundo la aportación nutritiva que necesitan, hace falta educarnos en la utilización de tecnologías primarias que protegen a unos de la enfermedad y a otros del hambre. Hacer germinados es un método muy sencillo y cualquiera, a cualquier edad y en cualquier país, puede aplicar esta técnica, ya que sólo se necesitan semillas de buena calidad, un poco de agua y cacharros o bolsas de tela.

Los cereales pierden gran parte de sus sustancias vivas al ser cocidos durante mucho tiempo, pero en cambio la germinación aumenta su valor nutritivo y pueden consumirse crudos o poco hechos.

En algunas sociedades campesinas occidentales, africanas o asiáticas, sabemos de personas que recuerdan a sus padres o abuelos produciendo germinados para alimentarse o alimentar el ganado. La pérdida de este conocimiento coincide muy a menudo con la aparición de un modo de vida artificial que ha ocasionado una disminución de la salud y de la vitalidad de la población.

Aprender a hacer germinados representa, pues, una herramienta de salud y de vida de gran valor para todo el planeta.

A lo largo del aprendizaje, se pueden modificar las costumbres alimenticias de una manera suave y progresiva: sin quitar nada de lo que se suele comer, se añaden cada vez más germinados a los alimentos y se observan los resultados. Si el bienestar y la vitalidad van creciendo —lo que suele ocurrir casi siempre— uno se acercará de forma natural hacia alimentos cada vez más sanos. Por otra parte, la necesidad de excitantes o de alimentos estimulantes irá disminuyendo, incluso desaparecerá.

Valoro la actitud no sectaria con la cual Fondation Soleil, en su labor de información en beneficio de la salud, enseña medios de independizarse, de los cuales podemos beneficiarnos todos. Ojalá este libro sencillo, con su presentación alegre y con su profundo mensaje nutritivo, tenga el éxito merecido.

SADRUDDIN AGA KHAN

El Príncipe Sadruddin Aga Khan es el fundador y el Presidente de la Fondation de Bellerive y del Groupe de Bellerive. Fue Comisario de las Naciones Unidas para los refugiados y, además de su cargo de Asesor especial del Secretario General de las Naciones Unidas, participó en muchas actividades filantrópicas relacionadas con el desarrollo, el entorno y el Tercer Mundo.

INTRODUCCIÓN

Los germinados y brotes son «alimentos de salud» esenciales. Con su excepcional vitalidad, su riqueza en vitaminas, minerales, óligo-elementos, ácidos aminados, enzimas y demás sustancias biológicas activas, corrigen las carencias provocadas por la alimentación moderna, deteriorada por los procedimientos industriales. Al añadir los germinados y brotes en su alimentación, aunque sea en poca cantidad, puede conciliarse más fácilmente el modo actual de vida con el mantenimiento de una buena salud.

Al ser un alimento completo, los germinados son una buena alternativa al exceso de productos animales que perjudican la salud de los países occidentales. Se podría comer germinados de manera casi exclusiva, y así alimentarse de forma muy barata.

POR QUÉ LOS GERMINADOS

1.1. Definición e historia

Se denomina germinado cualquier semilla cuyo metabolismo (conjunto de las transformaciones biológicas de un organismo vivo) es estimulado por el contacto con el agua, el aire y el calor, con lo cual va creciendo.

Los germinados plantados dan lugar a tallos y hojas que van cargándose poco a poco de clorofila: los brotes.

La historia nos enseña que se utilizaron los germinados en numerosas civilizaciones, al inicio de su período de expansión. Estos alimentos proporcionan vitalidad, fuerza y salud a los que los consuman, lo cual contribuye a una buena salud y desarrollo de cualquier población que los utilice.

La vida renace a cada momento

El uso de estos alimentos vivos se va perdiendo durante la decadencia de dicha civilización.

Encontramos la descripción de las técnicas de germinación en las escrituras de los Esenios, que vivían en Israel y Egipto en los tiempos de Cristo. En tiempos más próximos, el capitán Cook pudo realizar sus largas travesías gracias a los germinados que protegían a su tripulación del escorbuto.

Hoy en día, la cocina oriental utiliza los germinados en gran cantidad. Numerosos estudios en laboratorio han confirmado lo que nos enseña la historia y han demostrado el gran valor alimenticio de los germinados, tanto para los animales como para las personas.

Los procedimientos industriales de la fabricación de la cerveza se basan también en las técnicas de germinación.

1.2. Alimentación moderna y germinados

La alimentación moderna suele carecer de alimentos vivos.

Muchos de los productos que consumimos provienen de países lejanos y nos llegan a gran coste. Con el fin de tener un buen aspecto en los supermercados, sufren varios tratamientos de conservación que destrozan su vitalidad. Hasta las frutas frescas obedecen a esta norma ya que son recogidas antes de estar maduras, lo cual implica una importante pérdida de su valor nutritivo. La falta de contacto entre productores y consumidores no permite el control de los modos de cultivo, especialmente para los tratamientos con pesticidas e insecticidas.

El cultivo de los germinados nos permite resolver varios de estos problemas:

1. Los germinados se almacenan y transportan fácilmente sin estropearse.

2. Se pueden hacer en casa con un mínimo de esfuerzo.

3 Están llenos de energía, son ricos en vitaminas y demás sustancias biológicas esenciales para nuestra salud.

4. Se digieren y asimilan fácilmente por el organismo.

5. Proporcionan una alimentación muy barata.

6. Cultivar germinados nos permite ser al mismo tiempo productor y consumidor y de este modo ser capaces de controlar la frescura y la calidad.

7. Los germinados nos dan la oportunidad de volver a contactar con la naturaleza al convertirnos en «Jardineros del hogar».

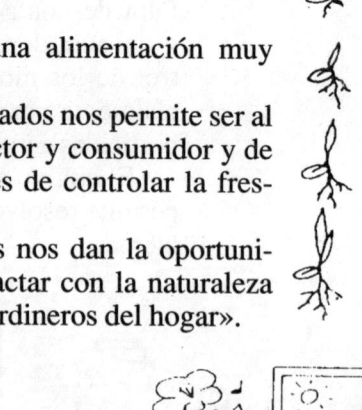

¿QUÉ ES LA GERMINACIÓN?

Érase una vez una semilla

2.1. La semilla

La semilla está constituida por una envoltura o tegumento que protege el embrión, el cual contiene una plúmula, una radícula y uno o dos cotiledones.

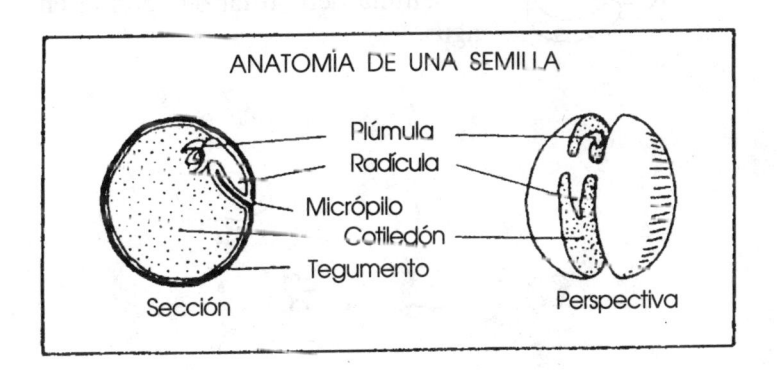

ANATOMÍA DE UNA SEMILLA

- Plúmula
- Radícula
- Micrópilo
- Cotiledón
- Tegumento

Sección — Perspectiva

El tegumento es resistente y rígido y protege el embrión del moho y de los insectos.

El micrófilo es un poro del tegumento que deja paso al agua necesaria para la germinación.

La radícula es la parte del embrión que formará la raíz.

La plúmula es un embrión de tallo.

Los cotiledones son embriones de hojas. Contienen las reservas nutritivas de las semillas.

2.2 La germinación

El agua es lo que más necesita una semilla en fase de germinación.

El tejido vegetal normal contiene el 90% de agua mientras que la semilla sólo el 10%; así, para brotar, la semilla debe estar sumergida en agua.

El tiempo de inmersión depende del tipo de semilla. Por ejemplo: una semilla de girasol descascarillada (cuyo tegumento ha sido retirado) puede germinar después de cuatro horas de inmersión mientras que un garbanzo necesita unas veinticuatro horas.

Cuando la semilla ha absorbido ya suficientemente agua, el metabolismo se acelera, siempre y cuando tenga bastante oxígeno y una temperatura adecuada (unos 20° C).

Las enzimas van activándose y digieren las grasas, glúcidos y proteínas de los cotiledones para poder ser asimiladas por el embrión creciente. El tegumento es perforado por la radícula que está saliendo, y luego por la plúmula. En la oscuridad la plúmula se alarga para buscar la luz y no elabora clorofila; permanece entonces blanca y tierna. Al exponer la semilla a la luz, los cotiledones empiezan a fabricar clorofila, la cual, por fotosíntesis, transforma la energía solar en materia vegetal.

Por otra parte, la radícula se alarga y penetra en la tierra, de donde saca agua y minerales. En poco tiempo la planta irá viviendo a partir de las sustancias que fabrica por fotosíntesis y de las que saca del suelo; ya no dependerá de las reservas de la semilla.

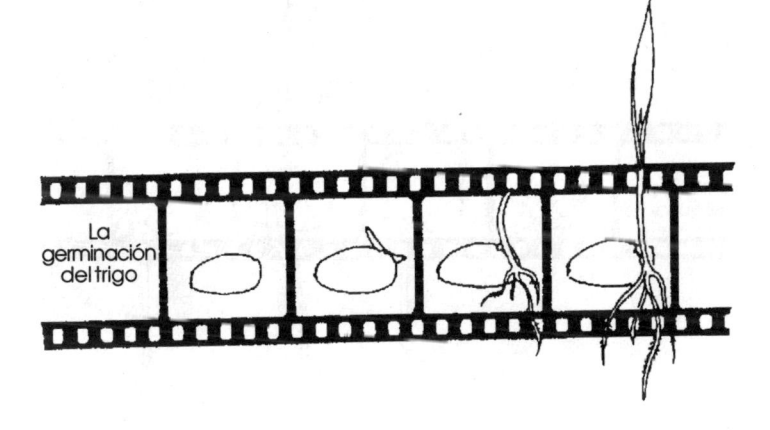

La germinación del trigo

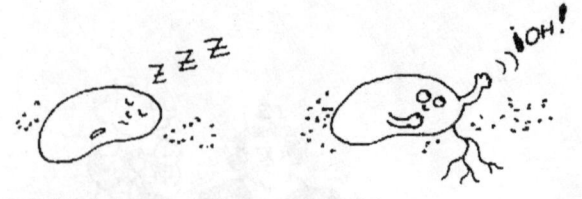

2.3. Fisiología de la germinación

La germinación es una intensa actividad metabólica. En ella tienen lugar varias reacciones químicas, entre las cuales tenemos la síntesis de enzimas. Éstos son los catalizadores naturales que activan las reacciones metabólicas; son indispensables para la vida y constituyen elementos de vitalidad que participan al despertar de la semilla. Las semillas, al ser muy ricas en enzimas, tienen propiedades nutritivas excepcionales.

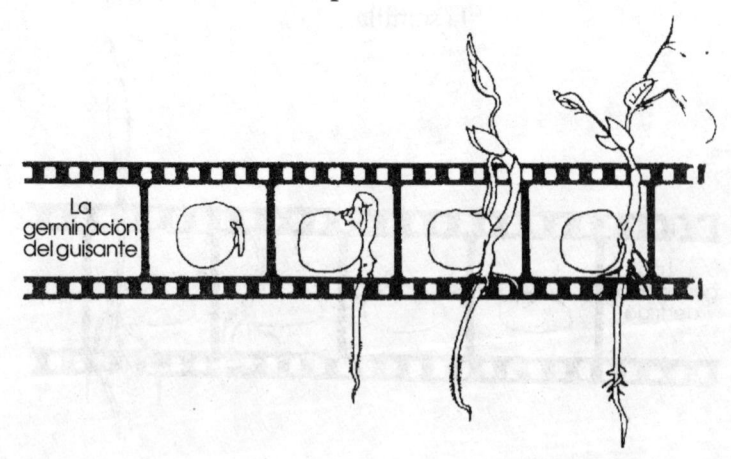

La germinación del guisante

Los enzimas:

— Transforman el almidón en azúcares simples (glucosa, fructosa).

— Permiten la síntesis de muchas vitaminas (particularmente la A, la B y la C) y demás sustancias biológicas importantes.

— Transforman las proteínas en ácidos aminados y favorecen la síntesis de algunos ácidos aminados que no existían en la semilla.

— Transforman las grasas en ácidos oleosos.

— Transforman el ácido fítico y liberan minerales asimilables.

2.4. Transformación del almidón

El almidón debe ser transformado en azúcares simples para poder ser asimilado. (Los azúcares simples naturales están asociados con los elementos necesarios para su correcta asimilación; en cambio, los azúcares refinados no están dotados de sus complementos naturales). Los germinados son ricos en azúcares simples totalmente asimilables y facilitan entonces la digestión. El gráfico muestra la disminución del almidón y el aumento de los azúcares simples (entre ellos la dextrina) durante la germinación del trigo.

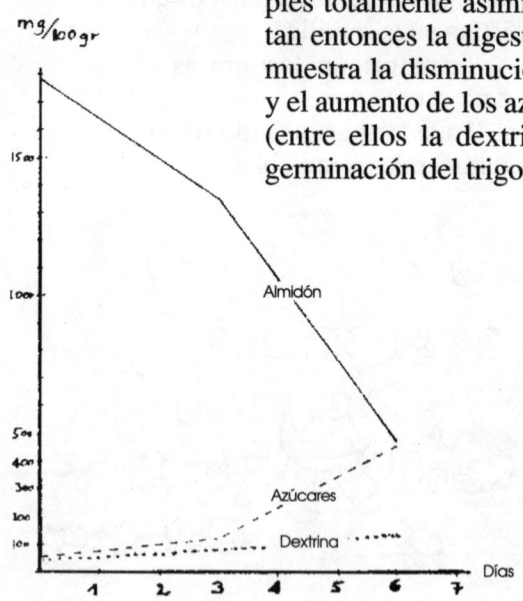

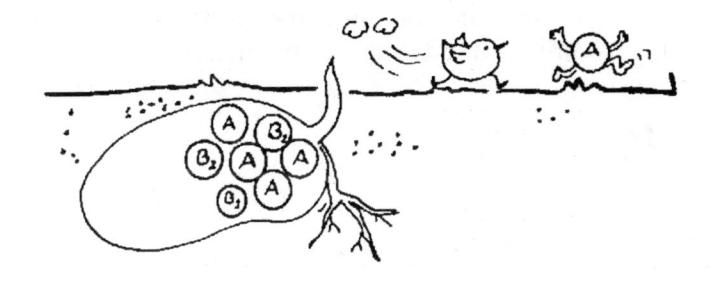

2.5. Síntesis de las vitaminas

Al germinar la semilla surgen vitaminas en gran cantidad. Al comerse crudos los germinados, no se pierden estas vitaminas antes de consumirlos.

Por ejemplo: el aumento de caroteno (precursor de la vitamina A) en varios germinados.

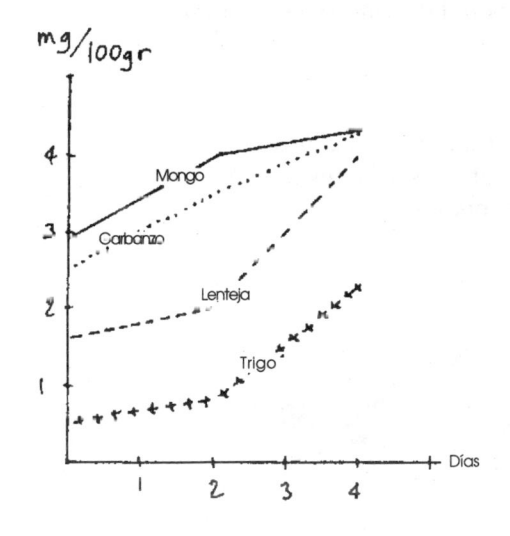

Otro ejemplo: el aumento de vitaminas B_2 en el mongo germinado:

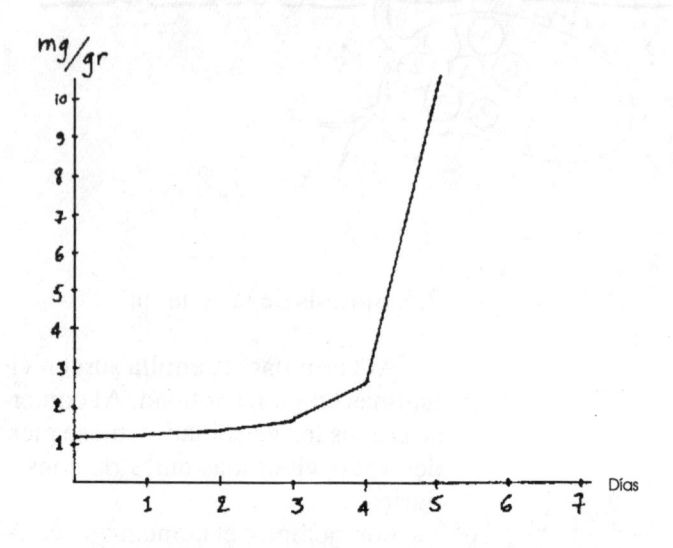

(Podemos realizar gráficos parecidos con casi todas las vitaminas).

2.6. Transformación de las proteínas en ácidos aminados y síntesis de ácidos aminados nuevos.

Durante la germinación, las proteínas almacenadas se dividen en ácidos aminados (que son sus elementos básicos) con la acción de los enzimas; por otra parte, ácidos aminados que no existían en la semilla pueden ser sintetizados; así, los germinados constituyen una fuente rica en ácidos aminados. No tienen los inconvenientes de las proteínas animales (carne, productos lácteos, huevos) que van acompañadas de grasas saturadas que ocasionan trastornos físicos. (Hay que recordar que no asimilamos las proteínas, sino que deben ser digeridas en ácidos aminados para que el organismo pueda absorberlas.)

2.7. Transformación de las grasas en ácidos oleosos

La pre-digestión enzimática de las grasas almacenadas en ácidos oleosos convierte los germinados en una alimentación mucho más digerible que las semillas.

Esto nos interesa en particular para semillas como el girasol, muy rico en lípidos; la mayor parte de las grasas vegetales no son saturadas y no provocan los trastornos ocasionados por las que sí lo son.

¡Granos germinados, granos germinados!

2.8. Liberación de los minerales

Las semillas suelen ser muy ricas en ácido fítico que está pegado a los minerales, lo cual impide que los jugos digestivos los alcancen. Durante la germinación, estos ácidos fíticos se deterioran y entonces nuestro intestino puede asimilar los minerales.

Estas reacciones aumentan la digestibilidad y el valor nutritivo de la semilla.

LA GERMINACIÓN DE LAS SEMILLAS

3.1. Técnica

Colocar unas cucharadas soperas de semillas de cultivo biológico (se venden en las tiendas de salud o de productos biológicos) en un tarro que llenaremos con agua pura; mientras está en remojo, la semilla va absorbiendo el agua necesaria (si no dispone de un filtro para quitar el cloro y los productos químicos, utilice agua mineral sin gas y con pocos minerales, en botellas de cristal). La cantidad de semillas depende de la necesidad de cada persona y de las medidas del tarro; 4 o 5 cucharadas de alfalfa, al germinar, llenarán un tarro de 2 litros en 5 o 6 días. El trigo, que no cambia mucho de volumen y se consume más rápidamente, no necesita tanto espacio.

La duración del remojo de las semillas depende de su procedencia, de la temperatura del agua y de la habitación. A continuación damos algunas indicaciones sobre la duración del remojo :

Semillas de remojo largo (de 12 a 24 horas): azuki, mongo, alubias, garbanzos.
Semillas de remojo medio (de 10 a 12 horas): trigo, fenogreco, lentejas.
Semillas de remojo corto (4 horas): girasol descascarillado, alfalfa, sésamo.

Después del remojo, las semillas están empapadas en agua y más tiernas.

Cubrir el tarro con una tela de gasa mantenida con una goma; vaciar el agua y aclarar abundantemente con agua fresca pero no demasiado fría (el agua del grifo conviene para aclarar).

Dejar el tarro inclinado a 45° en un escurridero, con la apertura hacia abajo. Las semillas deben estar repartidas a lo largo del tarro, no deben quedar amontonadas cerca de la tela; de este modo el drenaje del agua y la ventilación son posibles. Cubrir los tarros con un trapo ya que las semillas prefieren estar protegidas de la luz, como si estuvieran debajo de la tierra.

Aclarar unas dos veces al día.

¡MUY IMPORTANTE!

VENTILACIÓN — ENJUAGUE — TEMPERATURA — SOMBRA

El enjuague permite eliminar los residuos metabólicos de las semillas y mantenerlas húmedas. Resulta más fácil aclarar las semillas con la técnica de los tarros que con la del semillero.

También se pueden hacer germinados en bolsas de tela de gasa: aclarando dos veces al día y dejando las bolsas colgadas encima de la pica o de un escurridero, es muy fácil obtener una germinación correcta. Este método es muy práctico cuando se hace camping, durante viajes a pie (los germinados se van haciendo mientras se está caminando), cruceros por el mar, etcétera.

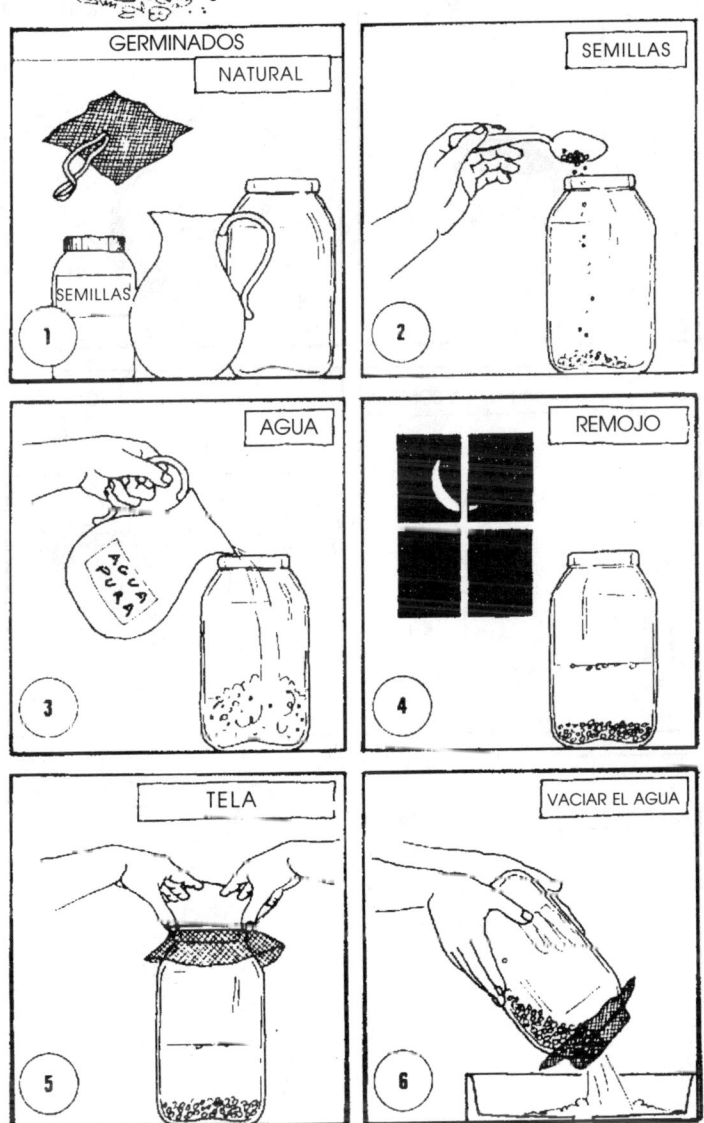

GERMINADOS

1. NATURAL — SEMILLAS

2. SEMILLAS

3. AGUA

4. REMOJO

5. TELA

6. VACIAR EL AGUA

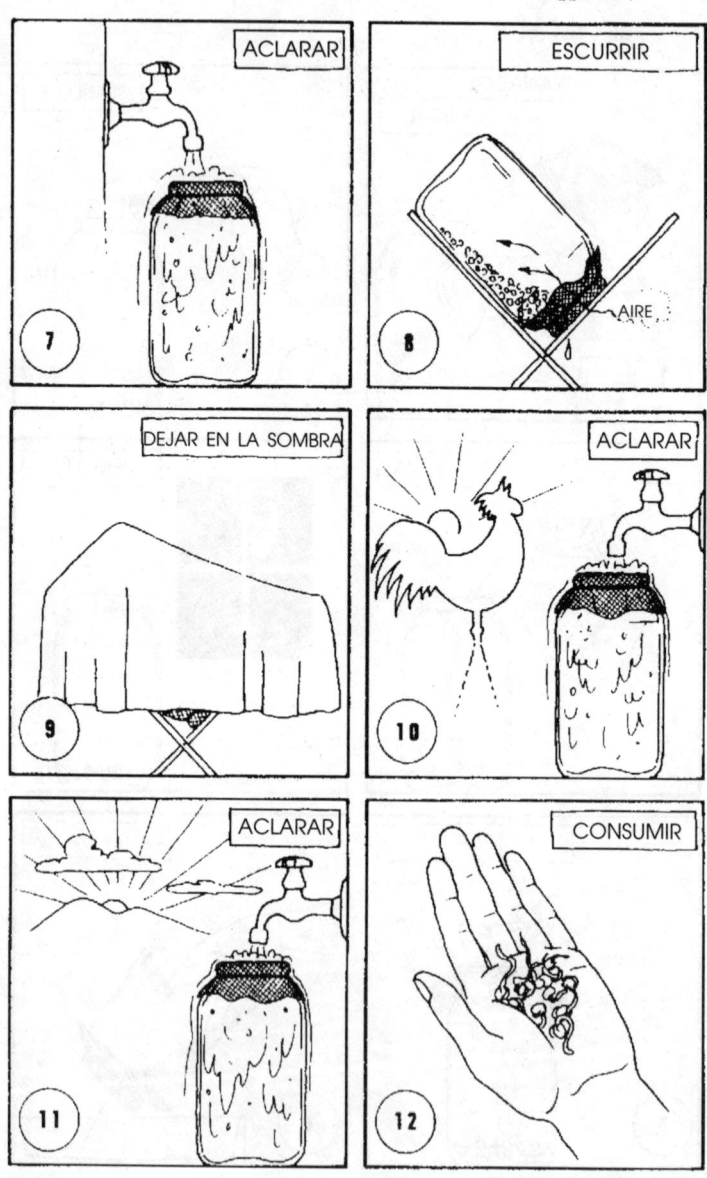

7 ACLARAR	8 ESCURRIR — AIRE
9 DEJAR EN LA SOMBRA	10 ACLARAR
11 ACLARAR	12 CONSUMIR

3.2. La peculiaridad de la alfalfa

Al cabo de cuatro días, las semillas de alfalfa se han convertido en pequeñas plántulas amontonadas en el tarro. Entonces el enjuague habitual ya no es eficaz y las semillas no germinadas, así como las pocas ventiladas, tienen un olor desagradable. Entonces hay que dar un baño de limpieza: vaciar todo el tarro en un recipiente lleno de agua fresca y separar las plántulas con suavidad.

Quitar las envolturas que quedan en la superficie con un colador, y también las semillas sin germinar que se han quedado en el fondo. Limpiar a fondo el tarro antes de volver a colocar las plántulas; no amontonarlas e incluso, si es necesario, repartirlas en dos tarros.

3.3. ¿Cuáles son las semillas utilizadas para hacer germinados?

Existe una gran gama de semillas que pueden utilizarse para hacer germinados; cada uno puede escoger en función de sus experiencias y de su propio gusto. Sin embargo, es importante que las semillas provengan de cultivo biológico, sin pesticidas, que así conservan su poder germinativo completo. A continuación damos una relación de las semillas que suelen utilizarse:

Azuki

El azuki es una pequeña judía roja procedente del Extremo Oriente. Tiene un sabor muy característico pero no muy fuerte. Los germinados se pueden consumir al cabo de 3 a 5 días (cuando han crecido hasta 1 o 2 cm). Se pueden quitar las envolturas rojas bañando los germinados en una fuente llena de agua; se quedan en la superficie y las sacamos con un colador. A veces se encuentran, mezcladas con los germinados, semillas sin germinar que son muy duras. ¡Cuidado con los dientes! Hay que asegurarse de que no queda ninguna antes de consumir los germinados.

Alfalfa

¡El mejor de los germinados! ¡Sabrosa y crujiente! Germina muy fácilmente; se deja 4 o 5 días en la oscuridad; a partir del cuarto día y hasta el consumo, las plántulas necesitan cada día un baño de limpieza (ver 3.2). Crecen entonces hasta 3 o 4 cm de largo y se las expone a la luz para desarrollar la clorofila. Se pueden comer después de 2 días a plena luz.

Trigo

El trigo es el «abanderado» de los germinados. Se consumen los germinados al cabo de 2 a 4 días de germinación, cuando miden unos milímetros. Estos germinados tienen un sabor dulce y agradable y son muy saludables.

Fenogreco

Las semillas se suelen utilizar para aliñar. Los germinados y brotes son depurativos del hígado; se consumen después de 3 o 4 días de la germinación.

Mongo (soja verde)

Es el germinado de soja que ya habrá comido en un restaurante chino o comprado en una tienda. Es muy rico en proteínas y vitaminas y tiene un sabor refrescante. Se consume a los 3 o 4 días, cuando tiene de 2 a 4 cm de largo. Algunas personas prefieren quitar las envolturas verdes y así obtener un sabor más rico. Cuanto más hayan crecido las hojas, tanto más sabor tienen (ver también 4.4.).

Lentejas

Se comen después de 3 o 4 días de germinación, cuando tienen 1 o 2 cm de largo. Presentan un sabor agradable y son ricas en proteínas.

Garbanzo

Se consume al cabo de 2 a 4 días cuando los germinados han alcanzado unos 2 cm de largo; aclarar abundantemente. Es un alimento muy tonificante; deben quitarse las envolturas para obtener un sabor más rico.

Girasol

El girasol es la semilla que más fácilmente germina. Descascarillada, se consume en seguida después de un remojo de 4 horas. Es muy rico en proteínas y grasas no saturadas.

GERMINADOS: CUADRO RECAPITULATIVO

Nombre del germinado	Aspecto seco	Aspecto germinado	Color (semilla seca)	Tiempo remojo	Tiempo germinación	Notas
AZUKI			rojo oscuro	De 12 a 24 h.	3 a 5 días	Un baño de limpieza para separar las envolturas. Cuidado con las semillas sin germinar, son muy duras.
ALFALFA			beige oscuro	4 h.	6 a 7 días	Baño de limpieza para quitar las envolturas. Al germinar, da 10 veces su volumen de semillas secas.
TRIGO			amarillo	De 10 a 12 h.	2 a 5 días	Germinación muy fácil; es muy sano.
FENO-GRECO			amarillo	De 10 a 12 h.	3 a 4 días	Es depurativo del hígado, sabor un poco fuerte.
SOJA			verde	De 12 a 24 h.	3 a 6 días	Es alimento usual en la cocina china; baño de limpieza. Cuidado con las semillas sin germinar.
ALUBIA			variado	De 12 a 24 h.	2 a 6 días	Rica en proteínas. Es recomendable un baño de limpieza.
LENTEJA			verde o beige	De 12 a 24 h.	3 a 4 días	Sabor fuerte. Rica en proteínas.
GARBANZO			amarillo claro	De 12 a 24 h.	3 a 5 días	Aclarar abundantemente. Alimento muy tonificante.
GIRASOL			beige claro	4 h.	1/2 a 2 días	Utilizarlo descascarillado. Germinación fácil; sano.

GERMINACIÓN DE OTRAS SEMILLAS

NOMBRE DE LA SEMILLA	TIEMPO DE REMOJO	GERMINACIÓN	TEMPERATURA ACONSEJADA
CEBADA	12 h.	3-4 días	19°-27°
MAÍZ	12-20 h.	2-3 días	19°-29°
MIJO	8-10 h.	3 días	21°-27°
AVENA	12 h.	3 días	19°-27°
GUISANTE	12 h.	3 días	10°-22°
CACAHUETE	14 h.	3-4 días	19°-29°
CALABAZA	10 h.	2-3 días	18°-29°
ARROZ	12 h.	3-4 días	13°-27°
CENTENO	12 h.	2-3 días	10°-22°
SÉSAMO	4-6 h.	1-3 días	19°-27°

Los germinados se consumen crudos, solos o con ensaladas y demás platos (ver capítulo 5); no se ha establecido una cantidad mínima o máxima que comer al día; cuanto más se consuma, tantas más sustancias vivas y equilibradas se dan al cuerpo.

Se aconseja comer los germinados frescos; sin embargo, se conservan en la nevera durante 2 o 3 días (el crecimiento se hace más lento).

La pequeña revolución
en el hogar

Si se sobrepasa el tiempo aconsejado para consumirlos, el sabor se vuelve muy fuerte; no obstante, los germinados son comestibles en cualquier fase del desarrollo, y por lo tanto no existe el menor peligro de intoxicación.

Se pueden almacenar semillas durante años en un lugar seco y protegido de la luz, de las ratas (por ejemplo en tarros de cristal) y de temperaturas demasiado altas o bajas. Se aconseja no abrir muy a menudo los recipientes o tarros de almacenamiento.

EL CULTIVO DE BROTES

4.1. Generalidades

El cultivo de brotes necesita un poco más de tiempo y de espacio que el de los germinados. Sin embargo, le compensará la belleza de las bandejas de verduras que convertirán su casa en un jardín. Los brotes emiten iones negativos que dan vitalidad al aire. Consumidos en el mismo momento de su recogida, los brotes, cargados de clorofila, proporcionan al organismo numerosos elementos que favorecen su equilibrio.

Al igual que los germinados, los brotes nos permiten ser a la vez productor y consumidor, y el plazo entre la recogida y el consumo se reduce a algunos segundos.

... es el misterio

4.2. Material

— Una bandeja de plástico de unos pocos centímetros de profundidad, o cualquier otro recipiente (cubos, tarros);
— tierra vegetal (se encuentra en jardines o bosques);
— mantillo orgánico (se puede comprar en los «garden center». Asegurarse de que no contiene abono químico);
— regadera con alcachofa o pulverizador para obtener un riego de gotas finas.

4.3. Procedimiento

Dejar en remojo las semillas como para la germinación, excepto para el berro y la mostaza que no lo necesitan; llenar una bandeja o un cubo con tierra vegetal o mantillo, o una mezcla de ambos y comprimir; esparcir las semillas empapadas en una sola capa; no deben superponerse sino cubrir totalmente la superficie de la tierra.

Humedecer la tierra con agua pulverizada; cubrir la bandeja con una lámina de plástico negro u otra bandeja para mantener la humedad y proteger las semillas de la luz.

Comprobar cada día el grado de humedad tocando la tierra con el dedo; si está demasiado húmeda, el moho se desarrollará más rápidamente que las semillas y las matará; si no lo está bastante, las semillas no crecerán. Humedecer si es necesario.

Al cabo de 3 a 5 días, según el tipo de planta y las condiciones exteriores, destapar la bandeja y sacar los brotes a la luz; evitar una luz directa los primeros días, pues los brotes son tan sensibles como un recién nacido.

Al contacto con la luz solar, las plantas van cargándose de clorofila y cuando han alcanzado de 2 a 3 cm de altura y van creciendo con fuerza, se las puede dejar a plena luz; no obstante, se evitará una exposición directa al sol. Las condiciones ideales para los brotes son una humedad del 60 al 70% y una temperatura de 18 a 22° C.

Regar las bandejas dos veces al día con una regadera con alcachofa o un vaporizador. ¡Cuidado! No confundir la intensa red de radículas que cubren el suelo con el moho; éste sólo aparece en caso de haber regado demasiado y se manifiesta por un olor desagradable.

Los brotes deben manipularse con suavidad ya que son muy frágiles y se podrían romper con el peso del agua de riego.

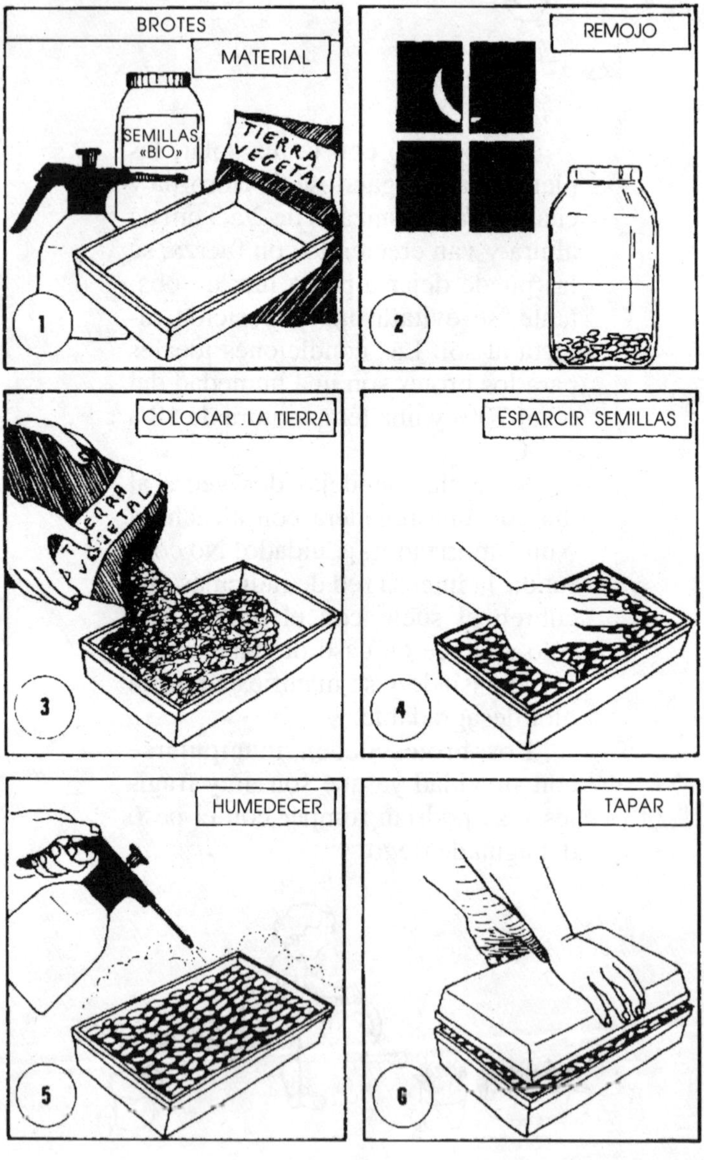
BROTES
MATERIAL
SEMILLAS «BIO»
TIERRA VEGETAL
1
REMOJO
2
COLOCAR LA TIERRA
TIERRA VEGETAL
3
ESPARCIR SEMILLAS
4
HUMEDECER
5
TAPAR
6

DESTAPAR
7
LUZ INDIRECTA
8
HUMEDECER
9
HUMEDECER
10
RECOGER
11
CONSUMIR
ACEITE
«BIO»
SALSA
SOJA
12

Se recogen los brotes maduros cortándolos con tijeras al nivel de la tierra. Se consumen después de 7 a 12 días, según el tipo de semilla (pasado el tiempo aconsejado para cortarlos y comerlos, los brotes empiezan a perder su vitalidad, por lo cual son menos saludables aunque siguen siendo comestibles).

Se comen mezclados con ensalada o triturados. Incluso en pequeña cantidad proporcionan clorofila, vitaminas, enzimas, ácidos aminados, azúcares naturales, grasas no saturadas y muchas sustancias biológicas activas.

De esta manera se puede plantar trigo, girasol sin descascarillar, alforfón, berro, mostaza, fenogreco, lentejas, guisantes, etcétera, o plantas en maceta que proporcionarán verdura fresca: ajo (se comen los brotes), cebolla, zanahoria (para la mata), remolacha y varias plantas aromáticas.

4.4 El cultivo sin tierra

Existe otro modo de cultivar brotes, sin utilizar tierra. Comprar una bandeja con rejilla y tapa. Se llena la bandeja con agua tibia hasta el nivel indicado, es decir, aproximadamente 1 cm por debajo de la rejilla, colocar la rejilla y disponer las semillas empapadas encima, en una sola capa (no es necesario que las semillas estén en contacto directo con el agua).

La vida no entendida no es digna de ser vivida

Dejar la bandeja tapada durante tres días, luego exponerla a la luz. Añadir agua hasta el nivel de la rejilla (el agua debe tocar la rejilla); regar con vaporizador de vez en cuando. Se guardarán las bandejas en un lugar ventilado (pero sin corrientes de aire) para que no salga moho. Una vez recogidos los brotes, se limpian la rejilla y la bandeja que podrán volver a utilizarse.

La ventaja de este método es que se puede realizar sin tierra y no altera la calidad de los brotes.

Daremos el ejemplo práctico de la soja verde:

Con este método se obtienen brotes tan hermosos como los que se encuentran en las tiendas.

54

Sólo hace falta seguir las recomendaciones siguientes :
1. Dejar en remojo las semillas durante 12 a 24 horas;
2. disponerlas en la rejilla;
3. cubrirlas con un trapo húmedo que aportará el peso necesario para obtener brotes bien rectos;
4. Mantener la oscuridad total para garantizar un sabor rico.

Nota: en el caso de la soja, se comen también las raíces, lo cual no se hace con otros brotes.

4.5. Brotes que pueden cultivarse

Girasol (se utilizan semillas no descascarilladas).

El girasol remojado e instalado luego en una bandeja de tierra necesita de 4 a 5 días de oscuridad, según la calidad de las semillas. Luego se expone a la luz y se puede consumir después de 8 o 9 días. Se conserva 2 a 3 días más regándolo abundantemente.

Máxima vitalidad

Alforfón (se utilizan semillas no descascarilladas)

Necesita de 3 a 4 días de oscuridad y se consume después de 7 u 8 días. Se riega de modo regular pero con menos abundancia que el girasol.

Berro

Crece muy rápidamente; se esparcen las semillas directamente sobre la tierra, sin remojo previo. Al cabo de 2 o 3 días se exponen a la luz natural y se pueden consumir a los 5 o 6 días. Se riegan con un vaporizador, pero cuidado con los brotes que son muy frágiles y no soportan el peso del agua por lo que no deben regarse demasiado.

Mostaza

Es el brote más picante. No necesita remojo; crece irregularmente en 3 o 4 días en la oscuridad y se consume después de 7 u 8 días. Los brotes de mostaza son más resistentes que los de berro y soportan el peso del agua; sin embargo, no la necesitan en gran cantidad.

Trigo

Es muy resistente y no necesita cuidados específicos. Soporta tan bien el exceso de agua como la falta. Después de 3 días en la oscuridad, se expone a la luz y se puede consumir a los 6 o 10 días. Se riega una vez al día.

Lentejas
¡Los brotes más elegantes! Se dejan 3 o 4 días en la oscuridad y se consumen a los 8 días; se riegan 2 veces al día.

Fenogreco
Proviene del oriente y crece muy fácilmente. Después de 3 días en la oscuridad, se expone a la luz y se consume al cabo de 6 o 7 días. No regar demasiado.

BROTES: CUADRO RECAPITULATIVO

NOMBRE DEL GRANO	ASPECTO SECO	ASPECTO CRECIDO	SABOR	TIEMPO SOMBRA	TIEMPO LUZ	NOTAS
GIRASOL			CRUJIENTE Y SABROSO	4-5 días	3-5 días	Semillas no descascarilladas; utilizar preferentemente las negras; los tegumentos no son comestibles. Regar con frecuencia.
ALFORFON			DELICADO	3-4 días	4-5 días	Semillas no descascarilladas; los tegumentos no son comestibles. los tallos son frágiles
BERRO			FUERTE	2-3 días	3-4 días	No necesita remojo; no regar demasiado.
MOSTAZA			PICANTE	3-4 días	4-5 días	No necesita remojo; no regar demasiado.
TRIGO			SABE UN POCO A HIERBA	3 días	6-10 días	Se consume triturado o en zumo.
LENTEJAS			ACIDULO	3-4 días	4 días	Regar regularmente; cultivo delicado.
FENOGRECO			UN POCO PICANTE	3 días	3-4 días	Crece muy fácilmente; no regar demasiado.

INFLUENCIA DEL MEDIO EXTERNO EN EL CRECIMIENTO DE LOS BROTES

Por encima del nivel ideal, el moho crece más rápidamente que los brotes	
Nivel ideal: temperatura de 18 a 22°C, humedad del 60 al 70%	
Por debajo del nivel ideal, crecimiento reducido (incluso a veces paro del crecimiento)	

RECETAS

5.1. Generalidades

Existen muchas maneras de consumir y saborear los germinados y los brotes; a continuación daremos algunas ideas que estimularán su imaginación. Sin embargo, hay que aplicar estas tres reglas de base:

1. No cocer los germinados ya que la cocción les quita su calidad de alimento vivo.
2. No combinar los germinados con productos animales (carne, productos lácteos, huevos) lo cual dificultaría la digestión.
3. No combinar las frutas y las verduras durante la comida.

5.2. Las ensaladas

Los germinados transforman las ensaladas en «platos completos», proporcionando al organismo los minerales, las vitaminas, proteínas, grasas y azúcares naturales que necesita, en forma de alimentos vivos.

Una mesa llena de ensaladas

Instalar en una mesa varios germinados y bandejas de brotes, así como verduras crudas de temporada y algunas salsas y decorar con flores. Cada persona elaborará su ensalada según su creatividad e instinto alimenticio. Cuanto menos se combinan alimentos, más fácil es apreciar con la vista, el olfato y el sabor los que convienen al cuerpo.

El arco iris de ensaladas

5.3. Las salsas

1. Salsa de zanahoria y avellanas

Mezclar en la batidora:
— 1 decilitro de zumo de zanahoria;
— 3 decilitros de avellanas picadas.

Se pueden cambiar las proporciones para obtener una salsa más o menos líquida. Se puede sustituir el zumo de zanahoria por zumo de tomate, espinaca, apio o remolacha; y las avellanas por girasol germinado, anacardos o almendras.

2. Salsa de calabacín

Mezclar en la batidora:
— 1 calabacín hervido y triturado;
— 150 gr de girasol germinado y triturado;
— medio diente de ajo picado;
— perejil trinchado;
— añadir agua hasta lograr la consistencia deseada.

3. Salsa de aguacate

Mezclar en la batidora:
— 2 aguacates cortados en pedazos;
— el zumo de 500 g de espinacas;
— una cucharada de salsa de soja.

4. Salsas individuales

Para poder elaborar cada uno la salsa que le conviene, disponer en la mesa tamari (salsa de soja), que sustituye a la sal sin tener sus inconvenientes para la salud, limones, hierbas aromáticas (frescas o secas), aceites vegetales prensados en frío con hierbas (por ejemplo: aceite de oliva con salvia, aceite de girasol con romero, aceite de cardo con ajo) y varios vinagres naturales (vinagre de manzana, de vino, de flores, vinagre con estragón o chalotes).

5.4. Los segundos platos

A continuación damos dos ejemplos de platos preparados con germinados, procedentes de la cocina tradicional oriental. Podemos inspirarnos de ella para crear más recetas, y dejándose guiar por la imaginación.

Las cantidades dadas son para 4 personas:

1. Tabouli

— 2 tazas de trigo germinado;
— 1/2 taza de cebolla picada;
— 1/2 taza de pimiento rojo;
— 1/2 taza de perejil picado;
— 1/2 taza de menta fresca picada;
— 1/2 taza de apio picado.
— Añadir un poco de tamari para aliñar. Para comerlo, se pueden utilizar hojas de ensalada verde como cucharas.

2. Humus

- 125 gr de garbanzos germinados;
- 1 o 2 dientes de ajo;
- 2 cucharadas soperas de zumo de limón;
- 2 cucharadas soperas de tahini (puré de sésamo);
- 4 cucharadas soperas de aceite de oliva;
- una cucharada de kelp (algas secas) picado.

Mezclar y triturar los ingredientes. Se come frío, presentado en hojas de ensalada verde con menta fresca picada.

5.5 Los canapés

1. Canapés con alfalfa

— 1 endivia grande;
— 4 puñados de alfalfa germinada;
— salsa de zanahoria con avellanas.

Limpiar las hojas de la endivia; mezclar la alfalfa con la salsa de zanahoria y rellenar las hojas de endivia.

2. Rollos de primavera

— Hojas de algas secas;
— 2 tazas de anacardos;
— 1 cucharada de tamari;
— 3 tazas de lentejas o girasol germinado.

Mezclar estos tres últimos ingredientes y triturarlos. Cortar las algas en hojas de 10 x 10 cm, rellenarlas con el preparado y enrollar. Se sirve sobre un lecho de ensalada.

5.6. Más recetas

1. Pan esenio

Picar en el mortero trigo germinado de un día (o mitad de trigo y mitad de lentejas). Extender la pasta en una bandeja en una capa fina y dejarla secar al sol o encima de una estufa; luego, cortarla en forma de galleta. Se pueden añadir pasas secas y avellanas picadas o hierbas aromáticas.

2. Puré de girasol

— 3 tazas de girasol germinado;
— 3 cucharadas de levadura natural en polvo;
— tamari (añadir agua si es necesario);
— orégano.

Triturar todos los ingredientes. Este puré sirve para untar o como salsa para zanahorias, y para cualquier otra verdura.

3. Girasol fermentado

Esta receta introduce el concepto de fermentación. Triturar una taza de girasol germinado; tapar y guardar en un lugar caliente. Al cabo de unas 4 horas se vuelve un poco acído y se puede consumir. Se come como el puré de girasol y se añade más o menos agua según el gusto de cada uno.

Los germinados fermentados son muy digeribles y, según el grado de fermentación, ofrecen una gran variedad de sabores que se pueden utilizar para confeccionar salsas y patés originales.

4. Gazpacho

- 1 kg de tomates maduros;
- 1/2 pepino pelado;
- perejil;
- apio;
- 1 taza de girasol germinado y triturado.

Pelar los tomates, triturarlo todo con la batidora y servir frío. Se puede añadir tamari.

La «cocina viva» es de fácil elaboración: a partir de productos no deteriorados uno se deja llevar por su intuición y hace nuevos experimentos culinarios. Dejando que su creatividad se exprese y desarrollando su sensibilidad, su cocina se convertirá en un lugar de alegría e innovación constantes.

5.7. Algunas bebidas elaboradas a partir de frutas o verduras con germinados o brotes.
Mezclar las frutas o verduras con los germinados o brotes, y triturarlos. Servir frío.

1. *Zumo de tomate, de zanahoria o cualquier verdura*
    — con alfalfa germinada
    — con lentejas germinadas
    — con brotes de fenogreco
    — con brotes de girasol.

2. Zumo de naranja, manzana u otras frutas con girasol germinado.

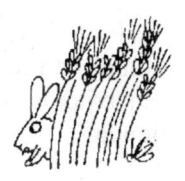

3. Rejuvelac (trigo fermentado)

Poner 3 cucharadas soperas de trigo germinado y triturado en 1 litro de agua pura. Dejarlo fermentar durante 24 a 36 horas; colar y tirar las semillas. Se bebe el rejuvelac solo (sabor un poco acido) o con un poco de miel o sirope de savia.

También puede tomarse combinado con oleaginosos o germinados triturados para confeccionar preparados fermentados (el rejuvelac acelera la fermentación).

5.8. Los dulces

1. Girasol y sirope de savia

Poner un poco de girasol germinado en un vaso y añadir sirope de savia; mezclar. ¡Qué sabrosa merienda!

2. Bircher del «Doctor Soleil»

Dejar en remojo frutos secos y oleaginosos (pasas secas, higos, almendras, avellanas) durante una noche. Añadir trigo germinado, manzana rallada y frutas frescas.

Este bircher proporciona elementos nutritivos equilibrados, más energéticos y más digeribles que los preparados a base de cereales triturados o cocidos.

Con los germinados, las frutas frescas, frutos secos y oleaginosos remojados, se puede elaborar una gran variedad de dulces sanos que sustituyan a los pasteles, chocolatinas y caramelos.

5.9. Nota

Cada tipo de germinados contiene una proporción diferente de vitaminas, minerales, proteínas, etcétera. Además, en cada fase de germinación, las cantidades de sustancias biológicas cambian, por lo cual uno tiene que dejarse llevar por el instinto alimenticio que le indicará, por el olfato y el gusto, si tal alimento corresponde a las necesidades de su cuerpo. (por ejemplo, si le falta hierro, ¡las lentejas germinadas serán sabrosísimas!).

Nuestro instinto funciona perfectamente bien cuando nuestro organismo no está demasiado intoxicado. Si fuera el caso, sería necesaria una dieta purificadora antes de poder notar la respuesta instintiva a los alimentos.

EL JARDINERO DEL HOGAR

Cultivar germinados y brotes nos transforma en jardinero de hogar.

Nadie puede quedar insensible mucho tiempo ante la belleza de una semilla que se abre a la vida o un brote que sale de la tierra. Las ventajas del jardín interior no sólo se sitúan en un plano alimenticio sino que nos permiten volver a tomar contacto con la naturaleza y dejarla entrar en nuestro hogar. El estar con los germinados y los brotes nos proporciona cada día un momento de calma que, por el contacto con la naturaleza «recarga las baterías».

Ya se sabe que la actitud del jardinero influencia las plantas: cuanto más sereno y sensible esté, tanto más crecerán las plantas con vitalidad y belleza. En este diálogo con ellas aprendemos a estar receptivos a las innumerables lecciones de la naturaleza que nos revela sus secretos de vida y armonía con generosidad.

Anexo 1

EL ABONO CASERO

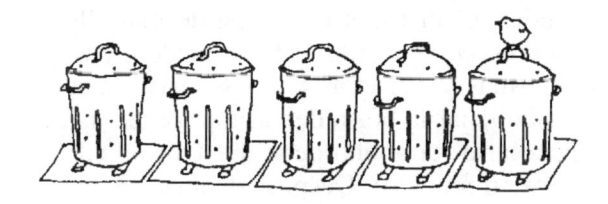

Una vez consumidos los brotes, nos queda una bandeja llena de tierra y raíces enzarzadas; en vez de tirarlo todo, podemos utilizarlo y hacer abono. No es necesario tener un jardín, se puede hacer en el piso mismo. Agujerear el fondo y los lados de una bolsa de basura de 25 a 50 litros (o más bolsas si fuese necesario); los agujeros tendrán 1 cm de diámetro y se repartirán regularmente para así asegurar una buena ventilación (los micro-organismos que digieren los residuos necesitan oxígeno). Instalar la bolsa de plástico sobre dos tacos de madera (para la ventilación del fondo), y colocar debajo de ella una lámina de plástico o una bandeja para los posibles derrames de líquido. Instalar una capa de tierra o mantillo orgánico en el fondo y añadir 4 o 5 gusanos (son de gran ayuda para confeccionar abono; se compran en tiendas de artículos para la pesca). Luego, poner una capa de residuos de la bandeja (deshechos para acelerar la descomposición), y luego una capa de restos de frutas o verduras crudas. Cubrir con otra capa de mantillo, luego con los residuos de la bandeja y los de frutas y verduras y así sucesivamente hasta llenar la bolsa de basura. Regar si es necesario (el abono debe quedar húmedo, pero no mojado). Después de una semana, ventilar el abono agujereándolo con un palo de madera. Al cabo de 3 o 4 meses, el contenido de las bolsas se habrá convertido en un abono lleno de vitalidad, que podrá utilizarse para llenar las bandejas, mezclado con tierra vegetal.

Algunas plantas ayudan en la confección del abono: las principales son la ortiga y la consuelda; así, unos puñados de hojas de ortiga o de consuelda añadidas al abono acelerarán el proceso y aumentarán la calidad final. Existen varios activadores de abono en las tiendas; se aconseja comprar los totalmente orgánicos (polvo de helecho, polvo de algas).

Los gusanos (preferentemente los gusanos rojos de California) pueden utilizarse para intensificar el abono.

Puede hacerse el abono en la terraza de casa (si se protege del frío y del calor con una manta o una estructura de madera con aislante) o en el sótano.

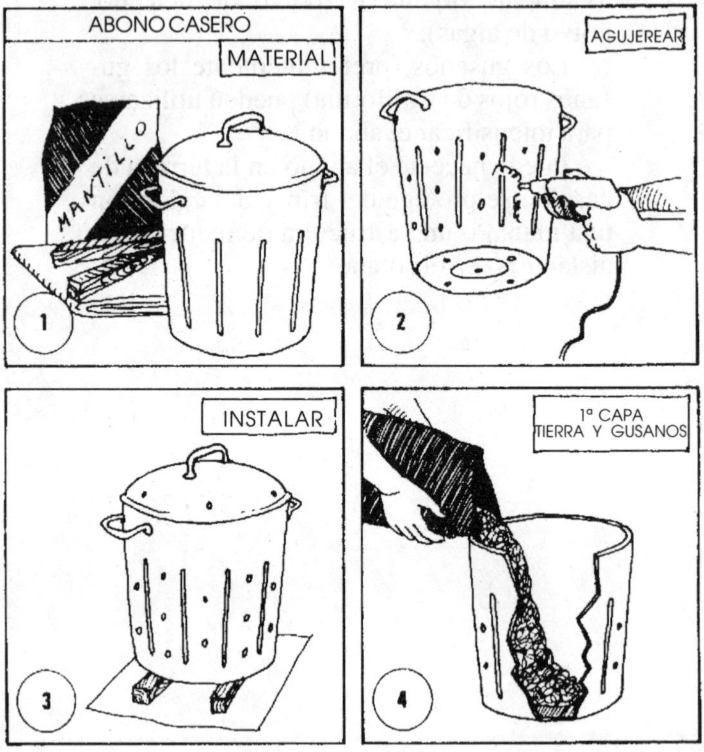
ABONO CASERO
MATERIAL
MANTILLO
1
AGUJEREAR
2
INSTALAR
3
1ª CAPA
TIERRA Y GUSANOS
4
2ª CAPA
RESIDUOS DE LA
BANDEJA
5
3ª CAPA
RESTOS DE
COCINA
6

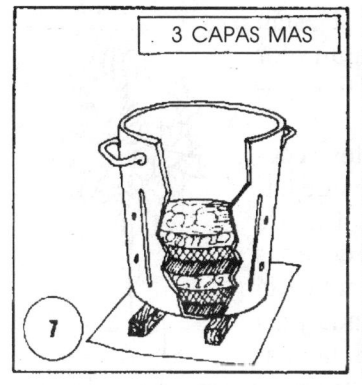

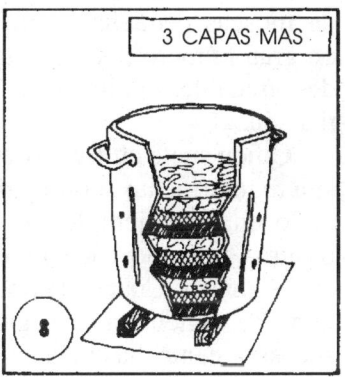

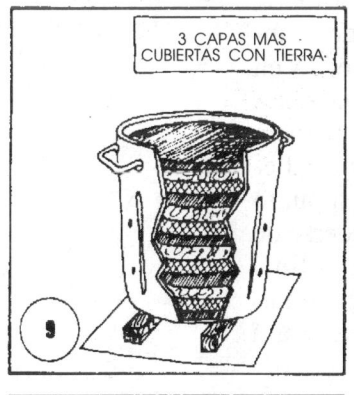

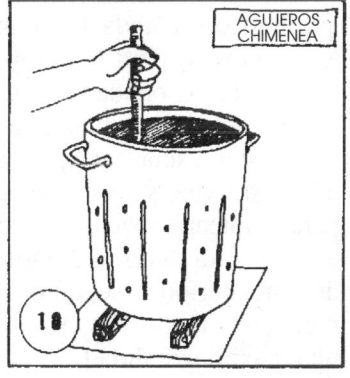

7. 3 CAPAS MAS	8. 3 CAPAS MAS
9. 3 CAPAS MAS CUBIERTAS CON TIERRA	10. AGUJEROS CHIMENEA
11. PROCESO DE DESCOMPOSICION — 2 A 3 MESES	12. UTILIZAR

No se puede evitar la presencia de moscas pequeñas, pero si están en gran número o si se nota un olor desagradable, significa que falta ventilación.

Quien suele cultivar brotes necesita regularmente abono y puede hacerlo en, por ejemplo, 5 bolsas de basura, llenando cada una de ellas en 3 semanas. Cuando la primera está llena, se va llenando la segunda y así sucesivamente hasta la quinta; entonces, el contenido de la primera, que ha sido llenada 12 semanas antes, está listo para ser empleado en relleno de las bandejas; y cuando la quinta bolsa está llena, la primera debe estar vacía para poder ser llenada otra vez, y la segunda a punto para emplearse. Puede procederse de esta manera durante 2 años; al final de este período, se renovará totalmente el abono, lo cual asegurará una máxima vitalidad.

EL METODO DE LAS CINCO BOLSAS			
BOLSA Nº 1	BOLSA Nº 2	BOLSA Nº 3	BOLSA
lleno en 3 semanas	lleno en 6 semanas	lleno en 9 semanas	lleno en 12 semanas
BOLSA Nº 1	BOLSA Nº 5	BOLSA Nº 2	BOLSA Nº 1
Utilizar	lleno en 15 semanas	Utilizar	lleno en 18 semanas

Anexo 2

PREGUNTAS Y RESPUESTAS

Respuestas a las preguntas más frecuentes sobre la utilización de germinados y brotes.

Pregunta: ¿Existen estudios científicos y análisis que demuestran la utilidad de los germinados en la alimentación?

Respuesta: Los germinados son alimentos muy ricos en sustancias vitales. Durante la germinación, las vitaminas, enzimas, oligoelementos y varias sustancias biológicas aumentan de manera considerable. Numerosos análisis científicos lo demuestran, principalmente los libros de Edmond Bordeaux-Szekely, de Ann Wigmore y de Victor Kulvinskas.

El profesor David Beguin, del Departamento de Nutrición Humana de la Universidad de Washington (WSU) en los Estado Unidos, explicaba en 1984, después de varios años de estudios científicos, que los germinados constituyen un alimento extraordinario para equilibrar la alimentación de los países sobredesarrollados y también permiten a las poblaciones de los países subdesarrollados alimentarse de la mejor manera y de forma barata.

Sin embargo, es sorprendente constatar, para quien ha tomado conciencia del valor nutritivo de los germinados, que los institutos de investigación han realizado pocos estudios al respecto. Es cierto que el cultivo intterior convierte al consumidor más independiente de la industria alimenticia y es ésta quien, directa o indirectamente, financia las investigaciones; al no haber ningún beneficio en perspectiva, faltan los créditos.

Además, la ciencia analítica sólo tiene unos decenios; hoy en día incluso, la ciencia sólo puede realizar sus observaciones en condiciones óptimas con materias inanimadas. Para poder medir una sustancia, hay que interrumpir las transformaciones que van produciéndose en las materias vivas, calentándolas o matándolas con fijadores químicos. Antes de descubrir las vitaminas, se pensaba, de buena fe, que la comida cocida valía tanto como la cruda, y la dietética moderna se basó en ideas cuantitativas más que cualitativas. Los enzimas, destruidos por la cocción, son imprescindibles para el organismo; pero se han descubierto hace relativamente poco y se subestima la importancia de su presencia en la alimentación. La naturaleza ha creado miles de miles de moléculas activas esenciales para asegurar la armonía de las funciones fisiológicas; en vez de esperarlo todo de la ciencia, podemos aprender a utilizar los recursos del laboratorio científico más importante del mundo, es decir la fábrica vegetal que produce los alimentos vivos que necesita nuestro cuerpo.

La alimentación moderna, con sus procedimientos de refinamiento y las manipulaciones industriales, con la cocción y el exceso de productos animales, ocasiona carencias, las cuales desaparecen enseguida al consumir frutas, verduras crudas y germinados. Nuestro bienestar físico, emocional, mental y espiritual dependen de nuestra alimentación. Al consumir germinados, uno experimenta una vitalidad y fuerza crecientes. Es mucho menos arriesgado confiar en los alimentos que la naturaleza nos ofrece desde hace millones de años que creer ciegamente en las teorías dietéticas y los dogmas científicos. Thomas Edison decía: «La naturaleza se ríe de las pretensiones científicas del hombre que quiere crear una brizna de hierba. Los productos químicos no podrán compararse nunca con los elementos creados por la naturaleza, con las células vivas de las plantas, creadas por los rayos del sol, el padre de la vida. Los alimentos naturales adecuadamente utilizados permiten la eliminación de las toxinas y residuos acumulados en el organismo y apoyan a la naturaleza para evitar la enfermedad. En cambio, los productos químicos, que no corresponden a las estructuras biológicas de nuestro organismo, favorecen la acumulación de sustancias muertas y la aparente mejoría que se nota es solamente una eliminación de los síntomas».

Pregunta: ¿Podemos nutrirnos exclusivamente con germinados y brotes?

Respuesta: Muchas personas lo hacen. Una de ellas, Ann Wigmore, fundadora del Instituto Hipócrates en Boston, se alimenta casi exclusivamente con germinados, frutas y verduras crudas desde hace unos treinta años. Empezó esta dieta porque sufría de cáncer y varias enfermedades de las cuales se curó. Ahora tiene 75 años y va por el mundo enseñando los recursos de la alimentación viva. Su vitalidad y forma física demuestran más que cualquier explicación al respecto.

Algunos deportistas han realizado dietas con germinados durante semanas o meses y han tenido unos resultados notables; millones de enfermos se han curado de enfermedades graves comiendo, durante algunos meses, solamente alimentos vivos. Algunos libros cuentan sus experiencias.

Pregunta: ¿Podemos prescindir totalmente de alimentos animales?

Respuesta: La creencia de que no podemos vivir sin productos animales es errónea. Los vegetales pueden proporcionar a nuestro organismo todos los elementos que necesita, y es incluso más fácil tener una alimentación equilibrada con vegetales que con productos animales.

Es importante saber que en los germinados, los ácidos aminados (que forman las proteínas) llegan al organismo con varias sustancias biológicas vitales que ayudan a asimilarlos y utilizarlos. Al añadir progresivamente los germinados en la alimentación, puede reducirse fácilmente el consumo de carne sin sufrir reacciones de privación. Es muy importante que los occidentales vayan disminuyendo su consumo de carne, e incluso suprimirlo totalmente, ya que es tan tóxica como los cigarrillos.

Pregunta: ¿Qué cantidad de germinados y brotes es necesaria para obtener una alimentación equilibrada?

Respuesta: No hay una cantidad determinada ya que los individuos son todos diferentes, cada uno es único. Al añadir progresivamente germinados y brotes, así como varios alimentos vivos en nuestra alimentación cotidiana, sentimos más fácilmente las necesidades de nuestro cuerpo ya que al desintoxicarse, nuestro instinto alimenticio va despertándose.

Los germinados contienen mucha vitamina C y por lo tanto una persona que no está acostumbrada a consumirlos puede notar efectos estimulantes. Por lo tanto es preferible no comerlos en gran cantidad durante la cena para no tener insomnio.

Por la misma razón, el consumo de germinados proporciona más vitalidad y hace que desaparezcan el cansancio y los problemas digestivos.

No se trata de considerar los germinados como una panacea y convertirse en adeptos fanáticos de una secta alimenticia, sino experimentarlo personalmente. Los germinados nos permiten tomar conciencia de la relación entre nuestra alimentación y nuestro bienestar o malestar.

Pregunta: ¿Pueden los germinados ocasionar problemas digestivos?

Respuesta: Los alimentos vivos se digieren y asimilan

muy fácilmente por el organismo; son para el adulto lo que la leche materna es para el bebé. Personas con el tubo digestivo alterado, que no pueden alimentarse con los demás alimentos crudos, pueden, sin embargo, comer germinados. Su riqueza enzimática hace que el organismo no tenga que utilizar sus propios enzimas y los germinados no ocasionan la leucocitosis post-prandial (aumento de la cantidad de leucocitos en la sangre, resultado del cansancio del organismo ocasionado por la alimentación «normal»).

Pregunta: ¿Engordan los germinados?

Respuesta: La razón principal por la cual uno engorda no es tanto el exceso de calorías como la intoxicación del organismo, que entonces no elimina las sustancias nocivas; un organismo en buen funcionamiento quema los excesos alimenticios. Si los órganos de eliminación están sobrecargados, la combustión y la evacuación de los residuos se reducen, y entonces las sustancias indeseables se quedan en el cuerpo (grasas, celulitis, depósitos articulares, etcétera). Los germinados son muy ricos en fibras vegetales, imprescindibles para un buen funcionamiento intestinal; realizan una gran limpieza de los intestinos. Con una alimentación refinada y rica en productos animales, las fibras vegetales llegan en cantidad insuficiente y surgen trastornos digestivos (estreñimiento, gases, dolores) que son las primeras señales de la intoxicación y conducen a las enfermedades agudas y crónicas.

Los excitantes (té, café, sal, azúcar, nicotina, alcohol, productos químicos) paralizan la actividad de los leucocitos que tienen un papel esencial en la desintoxicación del organismo; cuanto más se consuman, tanto menos puede auto-limpiarse el organismo, el cual intentará purificarse a través de enfermedades agudas. Éstas representan impulsos positivos que activan la eliminación. En vez de quitar los síntomas desagradables con medicaciones químicas, es mejor ayudar al «médico interno» a obrar. Una vez desintoxicado, el organismo se ajustará automaticamente a su peso correcto.

Pregunta: ¿Existe algún peligro al cambiar bruscamente de la alimentación tradicional a una alimentación viva?

Respuesta: Es mejor hacerlo paso a paso, aumentando progresivamente la cantidad de alimentos vivos; en caso contrario pueden producirse crisis de eliminación: al disponer de repente de una gran cantidad de sustancias vitales, el organismo puede iniciar limpiezas útiles pero desagradables.

Pregunta: ¿Es el hombre omnívoro (come de todo) o frugívoro (come frutas) y granívoro (come semillas)?

Respuesta: De hecho, por su constitución anatómica, el hombre es frugívoro-granívoro, aunque puede ocasionalmente ser omnívoro. Eso significa que puede comer de todo si tiene una alimentación vegetal de base y si sólo consume productos animales en pequeñas cantidades. Se sabe que las enfermedades de sociedad (cáncer, diabetes, enfermedades cardio-vasculares, enfermedades degenera-tivas) son ocasionadas por una alimentación demasiado rica en grasas. Para evitar estas plagas modernas, que son las responsables de las tres cuartas partes de las muertes en los países occidentales, es imprescindible consumir más alimentos vegetales; es el mejor seguro de vida: tiene la gran ventaja de no costar nada e incluso de ahorrar. El comer menos productos animales y más germinados permite reducir el presupuesto alimenticio.

Pregunta: ¿Pueden darse germinados a los niños?

Respuesta: Los germinados constituyen un alimento

perfecto ya en las primeras semanas de vida. Proporcionan a los niños todas las sustancias necesarias para su crecimiento. Cuando no se les puede dar el pecho, pueden elaborarse leches vegetales con germinados triturados y un poco de agua, que constituye un sustituto de gran calidad a la leche materna. Además, los germinados y los brotes son de gran interés educativo: plantar, regar, cultivar y observar el desarrollo de un jardín interior hace que el niño contacte con las maravillas de la naturaleza.

Pregunta: ¿Qué se hace si se encuentra moho en los brotes?

Respuesta: A veces el moho aparece en la base de los brotes; es ocasionado por una excesiva humedad o una falta de ventilación y no deben comerse; entonces se cortan los brotes por encima del moho.

Pregunta: ¿Es preferible emplear tarros o semilleros?

Respuesta: Durante la germinación, la semilla va eliminando algunas sustancias nocivas para nuestro organismo, específicamente los pesticidas naturales que la cubren. En el semillero, el aclarado es a menudo imperfecto y las semillas pueden pudrirse; por lo tanto la técnica de los tarros es más sencilla, más económica y da mejores resultados. La utilización de bolsas de tela de gasa es aún más sencilla, permite aclarar perfectamente y sólo necesita algunos minutos de dedicación al día.

Pregunta: ¿Cuáles son los restos que no deben entrar en la composición del abono casero?

Respuesta: Las cáscaras de naranjas, limones y plátanos porque se descomponen demasiado lentamente; los desechos de alimentos cocidos y de productos animales que pueden fermentar y ocasionar olores desagradables;

además, en muchos de los productos animales se encuentran antibióticos que matan la vida microbiana del abono.

Pregunta: ¿Pueden, a nivel mundial, tener un papel en la lucha contra el hambre los germinados y los brotes?

Respuesta: Es revelador ver que se nutren veinte veces más personas con germinados que con la misma cantidad de carne. Es más, si las poblaciones de los países occidentales disminuyeran su consumo de carne a la mitad, ¡podría alimentarse más gente de la que hay en la Tierra! El hambre en el mundo no es debida a una carencia de alimentos sino a la inmensa ignorancia en cuestión de nutrición, así como a una mala organización social y política. En todas las civilizaciones de la historia, vemos que cuando las poblaciones «comen vivo» y conocen los métodos de germinación, la salud y la vitalidad es máxima y la creatividad se desarrolla.

CON LA CANTIDAD NECESARIA PARA NUTRIR A

[1] PERSONA CON CARNE

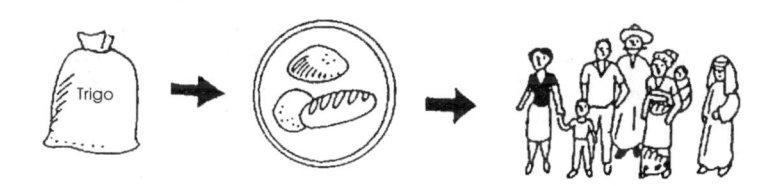

SE PUEDE NUTRIR A

[7] PERSONAS CON PAN

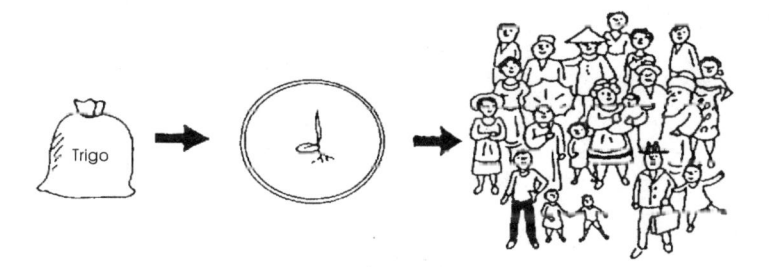

Y A MÁS DE

[20] CON GERMINADOS

Anexo 3

CLASIFICACIÓN DE LOS ALIMENTOS

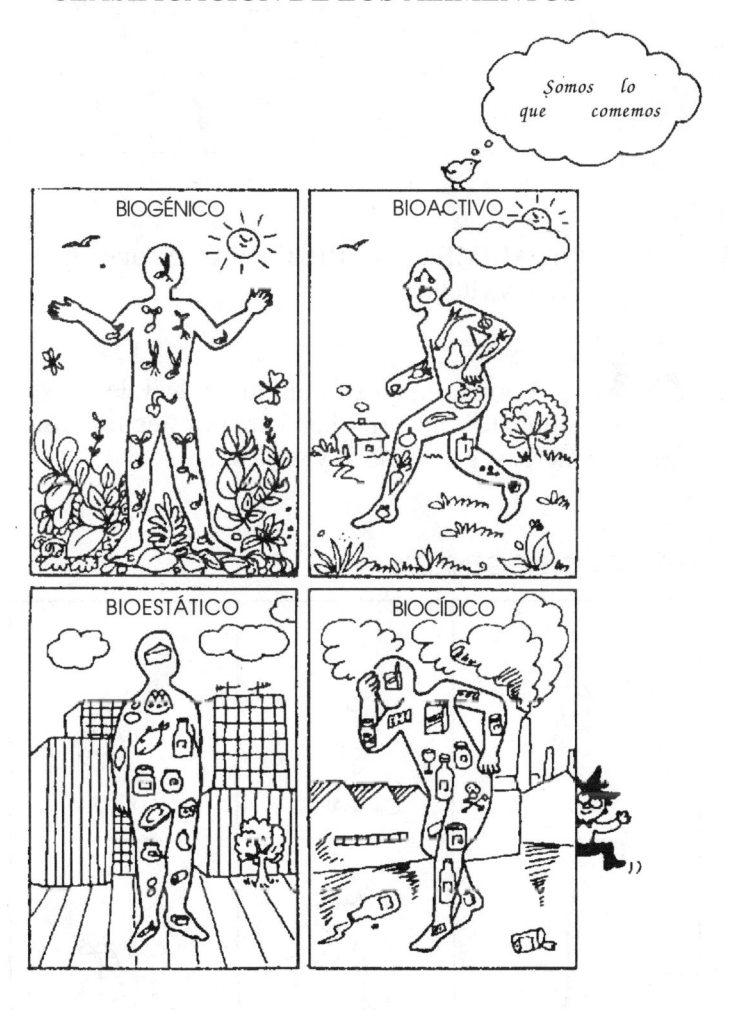

Los alimentos pueden clasificarse en cuatro categorías según su grado de vitalidad:

1. Los ALIMENTOS BIOGÉNICOS, que engendran la vitalidad.

Forman la base cualitativa ideal de nuestra alimentación: semillas, cereales, leguminosas, hierbas, germinados y brotes.

ALIMENTOS BIOGÉNICOS

SOJA	GARBANZO	ALFALFA
TRIGO	GIRASOL	BERRO

Al inicio de su desarrollo, las plantas están muy provistas de sustancias que incrementan la vitalidad de nuestras células y les permiten una regeneración constante (vitaminas, minerales, oligoelementos, ácidos aminados, enzimas, hormonas vegetales, bio-estimulinas, etcétera).

2. Los **ALIMENTOS BIOACTIVOS** que estimulan la vitalidad

ALIMENTOS BIOACTIVOS

SEMILLAS	FRUTAS	FRUTAS ROJAS
OLEAGINOSOS	VERDURAS	BAYAS

Forman la base cuantitativa ideal de nuestra alimentación: bayas, frutas, hierbas, verduras, leguminosas, semillas, cereales y oleaginosos maduros y consumidos frescos, crudos o remojados.

Los alimentos biogénicos y bioactivos constituyen la categoría de ALIMENTOS VIVOS. Han sido previstos por la naturaleza para asegurar la vida y el bienestar del ser humano. Su consumo proporciona vitalidad y salud a cualquier edad.

3. Los ALIMENTOS BIOESTÁTICOS que disminuyen la vitalidad.

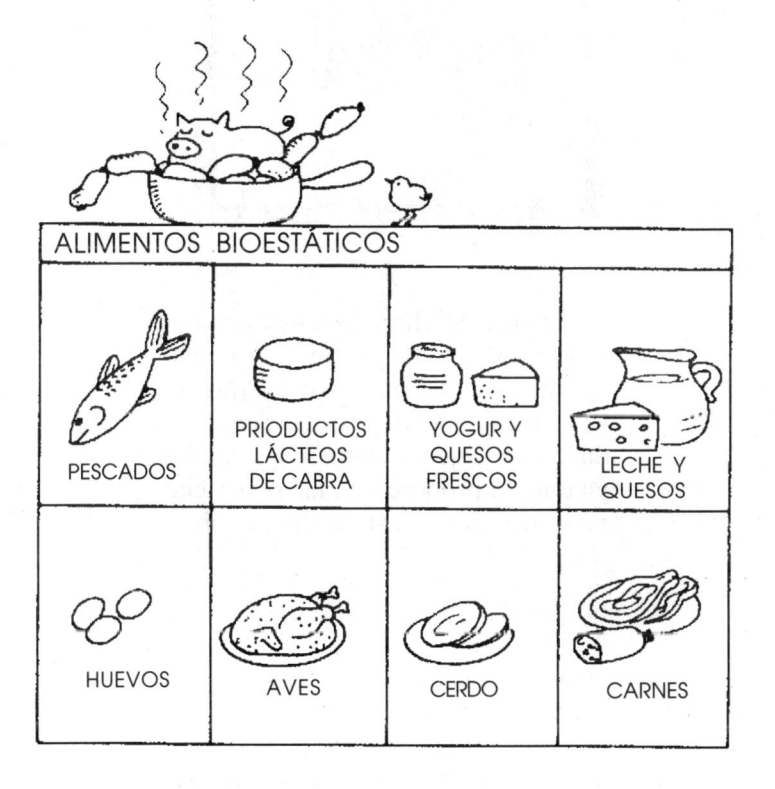

ALIMENTOS BIOESTÁTICOS			
PESCADOS	PRIODUCTOS LÁCTEOS DE CABRA	YOGUR Y QUESOS FRESCOS	LECHE Y QUESOS
HUEVOS	AVES	CERDO	CARNES

Son los alimentos cuyas fuerzas vitales han sido reducidas por el tiempo (alimentos almacenados crudos), por el frío (refrigeración, congelación) o por el calor (cocción).

El uso de alimentos bioestáticos es la resultante de costumbres sociales; su consumo mantiene las funciones mínimas del organismo pero conduce al envejecimiento de las células ya que no proporciona las sustancias vivas necesarias a su regeneración.

4. Los ALIMENTOS BIOCÍDICOS
   que matan la vitalidad.

ALIMENTOS BIOCÍDICOS

AZÚCAR	SAL	TÉ	CAFÉ
BEBIDAS ALCOHÓLICAS	GRASAS FRITAS	GLUTEN	ADITIVOS Y SUSTANCIAS QUÍMICAS

En Occidente, se han convertido
en la alimentación predominante.

Forman parte de esta categoria todos los alimentos cuyas fuerzas vitales han sido destrozadas por procedimientos físicos o químicos de refinamiento, conservación o preparación. Los alimentos biocídicos han sido inventados por el hombre y lo perjudican, intoxicando poco a poco sus células con sustancias nocivas.

Cualquier producto químico añadido a los alimentos, aunque sea en poca cantidad, es tóxico. Los procedimientos modernos de agricultura y el tratamiento industrial de los alimentos aportan a nuestro organismo sustancias que paralizan nuestro instinto alimenticio, dificultan la asimilación y frenan la eliminación. Poco a poco van debilitando nuestro sistema de defensas, ocasionando trastornos y enfermedades «de sociedad»: tales como enfermedades cardiovasculares, cáncer, reumas, diabetes, y demás enfermedades degenerativas, así como enfermedades mentales.

CLASIFICACIÓN DE LOS ALIMENTOS según su vitalidad, digestibilidad y efecto global.

1. ALIMENTOS DE GRAN VITALIDAD

— Fáciles de digerir
— Apoyan los mecanismos naturales de desintoxicación

1a. ALIMENTOS BIOGÉNICOS

semillas, cereales, germinados, brotes

1b. ALIMENTOS BIOACTIVOS

bayas, frutas, semillas, oleaginosos crudos

2. ALIMENTOS DE POCA VITALIDAD

— Necesitan mucha energía para ser digeridos
— Ensucian el organismo

2a. ALIMENTOS BIOESTÁTICOS (en orden creciente de gasto de energía):

— Pescados, mariscos
— Productos lácteos de cabra
— Yogures, quesos frescos
— Leche y quesos
— Huevos
— Aves
— Cerdo
— Carne

2b. ALIMENTOS BIOCÍDICOS

azúcar, sal, cacao, té, café, alcohol, grasas fritas, gluten, aditivos y sustancias químicas.

Anexo 4

Valor nutritivo de los brotes y germinados
Análisis de 100 gr de brotes de alfalfa seca

Vitaminas

A	hasta 44.000	u.i.
D	1040	u.i.
E	50	u.i.
K	15	u.i.
C	176	mg
B_1	0,8	mg
B_2	1,8	mg
B_6	1,0	mg
B_{12}	0,3	mg
Niacina	5	mg
Ácido pantoténico	3,3	mg
Inositol	210	mg
Biotina	0,33	mg
Ácido fólico	0,8	mg

Otras sustancias

Fibras	25	%
Proteínas	20	%
Grasas solubles	3	%

Minerales

Fósforo	250	mg
Calcio	1750	mg
Potasio	2000	mg
Sodio	150	mg
Cloro	280	mg
Azufre	290	mg
Magnesio	310	mg
Cobre	2	mg
Manganeso	5	mg
Hierro	35	mg
Cobalto	2,4	mg
Boro	4,7	mg
Molibdeno	2,6	ppm

Otros minerales (Indicios)
Níquel - Estroncio - Plomo - Paladio

Extractado de: C. Gélineau, *La germination dans l'alimentation*, Gélineau-Sherbrooke, 1978. Biblioteca Nacional de Quebec y Biblioteca Nacional de Canadá.

Valor Nutritivo de 100 gr de brotes de mongo

Calcio	10	mg
Caroteno	25	u.i.
Grasas	0,1	mg
Hierro	2,0	mg
Ácido nicotínico		
Fosfatos	52	mg
Proteínas	2,8	mg
Sodio	6	mg
Azúcar	1,3	mg
Vitamina A	8	u.i.
Vitamina B_1	0,15	mg
Vitamina B_2	0,06	mg
Vitamina C	30	mg
Análisis aproximativo 100%		
Humedad	5,27	%
Grasas	48,44	%
Proteínas	28,20	%

Composición de las semillas de girasol descascarilladas

Valor mineral

Calcio	57	mg
Cobalto	64	ppm
Yodo	20	ppm
Cobre	20	ppm
Hierro	7	mg
Fluorina	2,6	ppm
Magnesio	347	mg
Fósforo	860	mg
Potasio	630	mg
Sodio	0,4	mg
Zinc	66,6	ppm
Residuos	3,64	%
Fibras	2,47	%
Hidratos de carbono	12,18	%

---

u.i.: unidades internacionales; ppm: partes por millón; mg: miligramos; mcg: microgramos.

VITAMINA C

Cantidad de vitamina C en las semillas de leguminosas en fase de germinación

Tiempo de germinación	Cantidad en vitamina C
No germinadas	Indicios
Después de 24 h de germinación	7 a 8 mg/100 g
Después de 48 h de germinación	10 1 12 mg/100 g
Después de 72 h de germinación	12 a 14 mg/100 g

Extractado de Y. Kulyinskas, *Sprout for the love of everybody*, Omangop Press, 21 st Century Publication P.U.F. Fairfield, 52556, USA 1978.

Dr Bailey (University of Minnesota): La vitamina C del trigo germinado aumenta en un 600 % en los primeros días de germinación y la vitamina E triplica en 4 días; tiene un papel importante en la fertilidad de las personas.

Dr. Ralph Bogart (Kansas Agricultural Experimental Station): 40 g de avena germinada contienen 15 mg de vitamina C, lo cual es más que en la misma cantidad de melón, grosella negra o arándanos.

Dr. Andrea (Mc Gill University): 110 g de guisantes germinados contienen 30 mg de vitamina C, lo cual equivale a la proporción de vitamina C contenida en el zumo de una naranja.

Dr. Berry Mack (University of Pennsylvania): después de 72 horas, los germinados de soja incrementan en un 553 % su contenido de vitamina C.

CANTIDAD DE VITAMINA C CONTENIDA EN LA SOJA EN FASE DE GERMINACIÓN

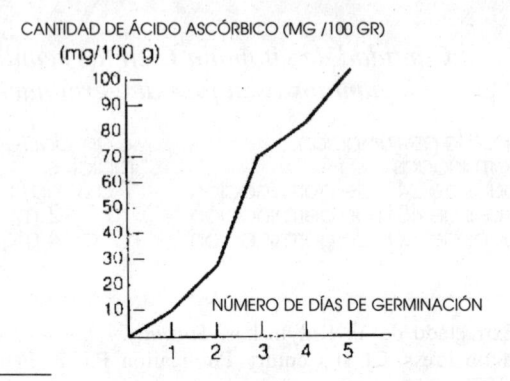

CANTIDAD DE ÁCIDO ASCÓRBICO (MG /100 GR)

NÚMERO DE DÍAS DE GERMINACIÓN

Extractado de C Aubert, *Article sur la germination des graines - Les quatres saisons du jardinage*; nº 27, julio-agosto 1984

OTRAS VITAMINAS
Cantidad de vitaminas contenidas en las semillas antes de germinar y después de 5 días de germinación (En mg / kg)

Variedad	Vitamina B_2 (Riboflavina) Granos no germinados	Vitamina B_2 (Riboflavina) Granos germinados	Vitamina B_3 (Niacina) Granos no germinados	Vitamina B_3 (Niacina) Granos germinados
Cebada	1,3	8,3	72	129
Maíz	1,2	3,0	17	40
Avena	0,6	12,4	11	48
Soja	2,0	9,1	27	49
Judía Lima	0,9	4,0	11	41
Mongo	1,2	10,0	26	70
Guisante	0,7	7,3	31	32

Variedad	Vitamina B_1 (Tiamina) Granos no germ.	Vitamina B_1 (Tiamina) Granos germ.	Vitamina H (Biotina) Granos no germ.	Vitamina H (Biotina) Granos germ.
Cebada		7,9	0,4	1,2
Maíz	6,2	5,5	0,3	0,7
Avena	10,0	11,5	1,2	1,8
Soja	10,7	9,6	1,1	3,5
Judía Lima	4,5	6,2	0,1	0,4
Mongo	8,8	10,3	0,2	1,0
Guisante	7,2	9,2		0,5

Cantidad de vitamina B_{12} contenida en los cereales y leguminosas en fase de germinación

Variedad	Antes de germinar	Tras 2 días de germinación	Tras 4 días de germinación
Mongo	0,61	0,81	1,53
Lenteja	0,43	0,42	2,37
Guisante	0,36	1,27	2,36

Extractado de C. Aubert, *Onze questions clefs sur l'agriculture, l'alimentation, la santé et le tiers-monde*, Terre vivante, París 1983.

AUMENTO DE LA VITAMINA B_2 EN EL MONGO EN FASE DE GERMINACIÓN

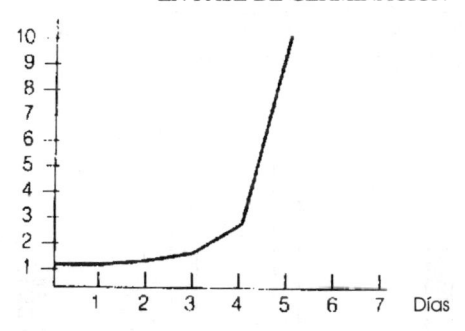

(Pueden elaborarse gráficos del mismo tipo con casi todas las vitaminas.)

Aumento de la cantidad de vitaminas durante la germinación observado en germinados de trigo de 5 días

Vitaminas	Medidas en forma de	Aumento en % en comparación con el trigo no germinado
B_1	Tiamina	Hasta 20
B_2	Riboflavina	300
PP	Niacina	10-25
Ácido pantoténico		40-50
B_6	Piridoxina	200
C	Ácido ascórbico	500
A	Caroteno	225

Extractado de B. Watzl, Article de *l'Institut für Ernährungswissenschaft*, Giessen 1982.

Efecto de la germinación sobre la cantidad de vitamina B_{12} en las leguminosas

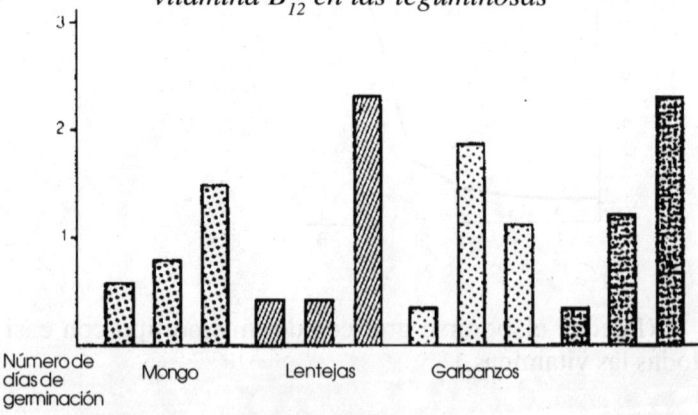

Número de días de germinación — Mongo — Lentejas — Garbanzos

La cantidad de vitaminas B_2, B_{12} y PP se ve multiplicada 2 y hasta 10 veces.

Extractado de C. Aubert, *Article sur la germination des graines - Les quatres saisons du jardinage*, n.° 27, julio-agosto de 1984

Dr. Paul Burkholder (Yale University): La calidad de la vitamina B aumenta en la avena germinada en un 1300%; el aumento para los brotes es del 2000 %. El Dr Burkholder constató también los aumentos siguientes: piridoxina (vitamina B_6): 500 %; ácido pentoténico: 200 %; ácido fólico: 600 %; biotina: 50 %; inositol: 100 %; ácido nicotínico: 500 %.

Extractado de E. Bordeaux-Szekely, *La vie biogénique*, Editions Soleil, Ginebra 1982.

Efecto de la germinación en la cantidad de caroteno en los cereales y leguminosas

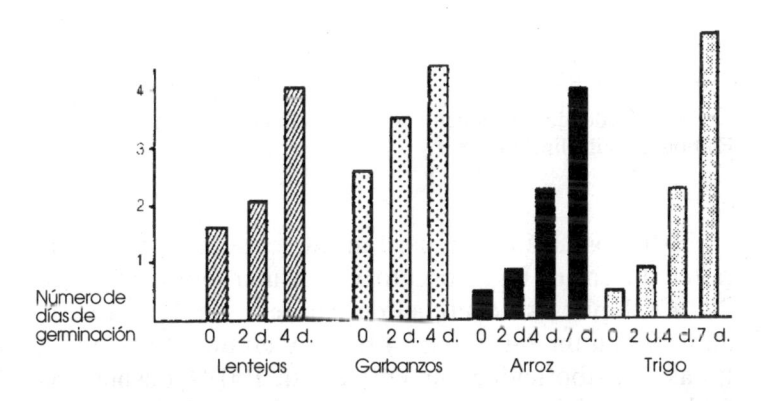

La cantidad de caroteno (provitamina A) en el trigo y el arroz se multiplica 10 veces en 7 días.

Extractado de C. Aubert, *Article sur la germination des graines - Les quatres saisons du jardinage*, n.º 27, julio - agosto de 1984.

AUMENTO DE LA CANTIDAD DE CAROTENO (PRECURSOR DE LA VITAMINA A) EN VARIAS SEMILLAS

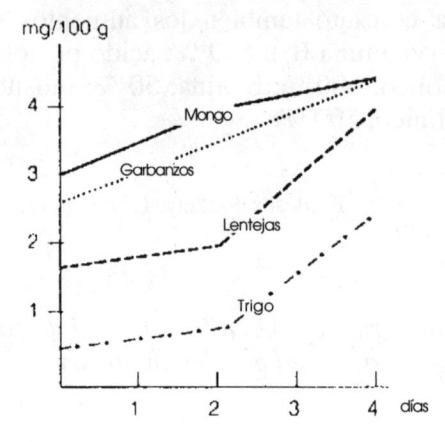

Extractado de Dr. Soleil, *Graines germées et jeunes pousses*, Editions Soleil, Ginebra 1985.

Estudios asiáticos muestran que el soja Bonsey germinando en un lugar oscuro y con una temperatura de 28° C, duplica su cantidad de caroteno en 48 horas; la aumenta en un 280 % en 54 horas y en un 370 % en 72 horas. La riboflavina aumenta en un 100 % después de 54 horas y el ácido nicotínico se duplica en 72 horas.

Extractado de C. Gélineau, *La germination dans l'alimentation*, C. Gélineau. Sherbrooke, 1978. Biblioteca nacional de Quebec y Biblioteca nacional de Canadá.

ÁCIDOS AMINADOS ESENCIALES

Ácidos aminados en las proteínas del girasol

Arginina	7,2 %
Histidina	2,1 %
Lisina	4,4 %
Triptófano	1,5 %
Fenilalanina	4,0 %
Metionina	3,5 %
Treonina	5,9 %

Extractado de A. Wigmore, Healthy children - nature's way, Institut Hippocrate, Boston.

CANTIDAD DE LISINA APROVECHABLE EN LOS CEREALES ANTES DE GERMINAR Y DESPUÉS DE LA GERMINACIÓN

Lisina aprovechable

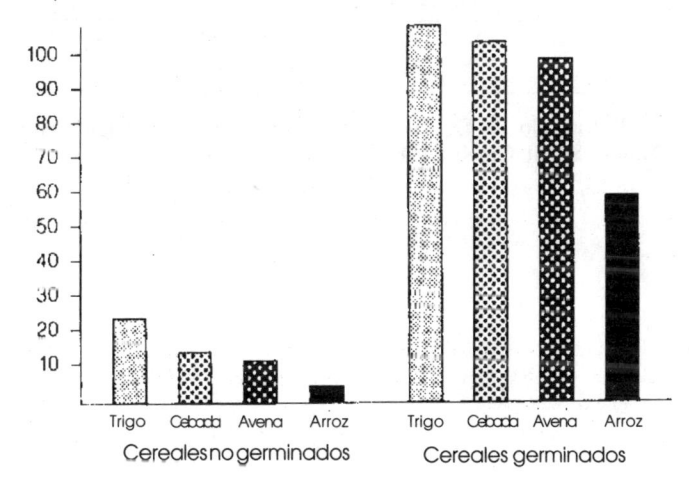

Cereales no germinados: Trigo, Cebada, Avena, Arroz
Cereales germinados: Trigo, Cebada, Avena, Arroz

Extractado de C. Aubert, Article sur la germination des graines - Les quatres saisons du jardinage, n.º 27, julio - agosto de 1984.

Disminución del almidón y aumento de los azúcares simples (entre ellos la dextrina) durante la germinación del trigo

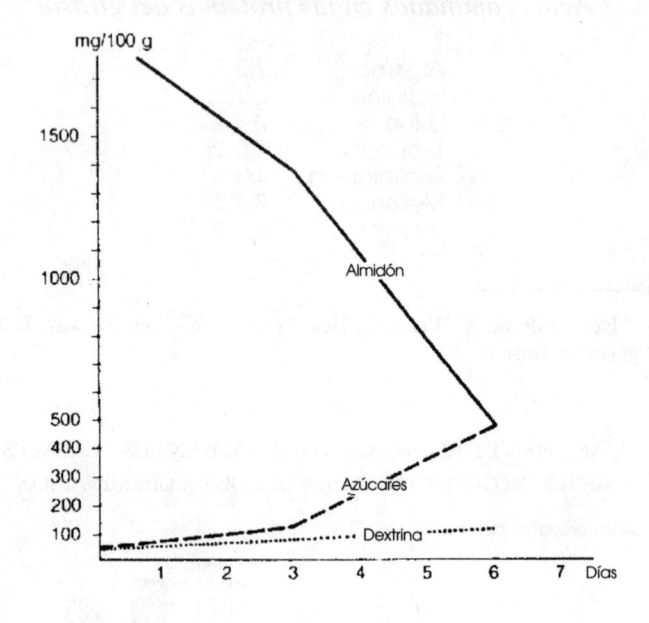

Extractado de Dr. Soleil. *Graines germées et jeunes pousses*, Editions Soleil, Ginebra 1985.

Producción de calcio en la avena en fase de germinación
(de una duración aproximada de 6 semanas)

Variedad	Noire du Prieuré	Panache De Roye	Nuprimé
Peso de la semilla	37,125	25,885	21,685
Calcio en las pruebas	0,0348	0,0263	0,02165
Calcio en las plántulas	0,155	0,106	0,100
Aumento en %	316	351	367

· Extractado de CL. Kervran, *Transmutations à faibles énergies*, Librairie Maloine S.A. París 1972.

En el trigo se observan, además, las siguientes transformaciones:

	Fósforo	Magnesio	Calcio
Semilla	423 mg %	133 mg %	45 mg %
Germinado	1050 mg %	342 mg %	71 mg %

(El pan blanco contiene aproximadamente 86 mg de fósforo, 0,5 mg de magnesio y 14 mg de calcio).

Extractado de M. Cayla, *Découvrez les graines germées*; Nature et progrès, París 1983.

Y para acabar, un cuento...

LA SEMILLA DE TRIGO DE ZARATHUSTRA

En tiempos lejanos, el rey de Persia, Vishtaspa, regresaba de una victoria militar. Pasaba entonces cerca del lugar donde vivía Zarathustra con sus discípulos y decidió visitar a este gran sabio, cuyo nombre era conocido por todos los persas. El rey deseaba saber si Zarathustra podría contestar a las preguntas que se hacía y para las cuales la gente de su corte no tenía respuestas; junto con su séquito se acercó al lugar, y vieron a un hombre que parecía ser un maestro con sus discípulos, en medio de un huerto. El rey le dijo a Zarathustra:

—Gran Zarathustra, he venido a verte para que me expliques las leyes de la naturaleza y del universo; si eres hombre tan sabio como lo dice mi pueblo, te ruego lo hagas enseguida ya que tengo prisa en volver a mi palacio.

Zarathustra miró al rey, tomó una semilla de trigo, se la dio, y dijo:

—En esta semillita de trigo están contenidas todas las leyes del universo y las fuerzas de la naturaleza.

El rey se asombró con esta respuesta que no entendió. Cuando vio que la gente alrededor suyo empezaba a sonreír, pensó que Zarathustra se burlaba de él y se puso furioso; arrojó la semilla de trigo y dijo:

—Pensaba que eras un hombre sabio, un gran filósofo, pero veo ahora que eres un hombre estúpido y obstinado que disimula su ignorancia con una actitud insensata. He sido muy tonto y he perdido mi tiempo viniendo a visitarte.

Entonces dio la vuelta y regresó a su palacio.

Zarathustra recogió la semilla de trigo y dijo a sus discípulos :

—Conservaré esta semilla porque algún día el rey necesitará a este maestro.

Iban pasando los años y el rey gozaba de una vida de lujo y de aparente felicidad; sin embargo, cada noche, al irse a dormir, extraños pensamientos le perturbaban: «Gozo del lujo y la abundancia pero muy cerca de mí mucha gente es pobre y tiene frío y hambre. ¿Por qué soy el rey? ¿Por qué tengo poder? ¿Por qué sufre la gente y por qué es pobre? ¿Cúanto tiempo más podré gozar de esta abundancia y este poder? ¿Qué ocurrirá conmigo cuando muera? ¿De qué me servirán mi poder y mis riquezas cuando haya fallecido? ¿Qué pasará conmigo cuando mi cuerpo se haya convertido en polvo y alimente a los gusanos? ¿Quedará alguna cosa de mi vida o se habrá perdido todo? Si vivo otra vez, ¿volveré a ser el mismo o seré diferente? ¿Tendré el mismo poder que él que tengo ahora, o seré un vagabundo sin lugar para dormir ni pan para comer? ¿Qué pasó antes de que llegara a esta vida? ¿Vivía en este país o en otro? ¿O es que he nacido por primera vez? ¿Cómo empezó la vida? ¿Cómo se creó el mundo? ¿Qué había antes de que la vida apareciera? ¿Creó Dios el universo? ¿Y a Dios, quién lo creó? ¿Qué había antes del tiempo? ¿Existe la eternidad? Y si existe, ¿cómo podemos concebirla?»

Cada noche le atormentaban estos pensamientos y la mayoría de las veces no lograba conciliar el sueño hasta el amanecer.

En su palacio, nadie conocía la respuesta a estas preguntas. Mientras tanto, la fama de Zarathustra iba creciendo cada día más. El rey sabía que muchos discípulos acudían al maestro, viniendo a veces desde muy lejos, y sospechaba que podría ayudarle a resolver sus incertidumbres. Entonces envió a Zarathustra una caravana cargada de ofrendas con este mensaje: «Siento haberte pedido con ímpetu e impaciencia que me explicaras los grandes misterios de la vida en sólo algunos minutos; he cambiado y ya no busco lo imposible. Deseo con todas mis fuerzas entender las leyes del universo y las fuerzas de la naturaleza; te suplico que vengas a verme a mi palacio, o, si esto no te fuera posible, envíame el mejor de tus discípulos para aclarar mis dudas.

Al cabo de unos días regresó la caravana; le dijeron al rey que Zarathustra le devolvía las ofrendas porque un jardinero no necesita tales regalos, pero que había guardado las telas que los envolvían, ya que le servirían para proteger sus árboles del frío del invierno. Zarathustra le mandaba un regalo al rey, y rogaba al mensajero decirle que este presente era el Maestro que podría enseñarle todo en relación a las fuerzas de la naturaleza y las leyes del universo. El mensaje de Zarathustra era que no enviaba a ninguno de sus discípulos sino a su propio maestro, el que le había enseñado todo lo que sabía en lo que se refiere a las leyes de la vida. «Estoy seguro de que serás capaz de aprender todo lo que mi maestro es capaz de enseñarte» había dicho Zarathustra. El rey preguntó dónde estaba tal maestro y el mensajero le dio el regalo envuelto en una hoja; el rey lo abrió y vio la misma semilla de trigo que Zarathustra le había dado la primera vez. Quedó conmovido y pensó que quizás había algún misterio en aquella semilla y la dispuso en una caja de oro que escondió en medio de sus tesoros. Casi cada día la miraba, en espera de algún milagro, con la esperanza de que se transformara en algo o alguien que pudiera enseñarle todo lo que quería saber.

Iban pasando los meses y no ocurría nada; el rey se cansó y dijo :

—Una vez más me ha decepcionado Zarathustra; se burla de mí y no conoce la respuesta de mi dilema. Le voy a demostrar que conseguiré aliviar mis inquietudes sin su ayuda.

Entonces envió al gran filósofo indio Tchengregasha una caravana llena de los mismos regalos que había antes ofrecido a Zarathustra.

Después de varios meses los mensajeros regresaron y le dijeron que el filósofo aceptaba venir a verle. Se puso tan contento que organizó una gran fiesta para su invitado y le agradeció su presencia. Entonces Tchengregasha le contestó :

—Aprecio mucho estar en su presencia, pero debo confesarle que el objeto de mi viaje es sobre todo encontrarme con el gran Zarathustra del cual he oído hablar en muchas ocasiones. No entiendo por qué me necesita a mí cuando vive tan cerca de un hombre que sabe mucho más que yo.

Entonces el rey cogió la cajita de oro en la cual estaba la semilla de trigo y le dijo:

—Le pedí a Zarathustra que me enseñara los misterios de la vida y ¡mira lo que me envió! Me dijo que esta semilla de trigo era el maestro que iba a enseñarme las leyes del universo y las fuerzas de la naturaleza. ¿No te parece absurdo? ¿Cómo explicas que Zarathustra pueda decir cosas tan insensatas?

Tchengregasha se puso a mirar atentamente la semilla; hubo un gran silencio en el palacio mientras meditaba. Luego dijo :

—Los largos meses de viaje valían la pena; ahora sé que Zarathustra es realmente el gran maestro que intuía era. Esta pequeña semilla puede enseñarnos las leyes del universo y las fuerzas de la naturaleza porque las contiene. Pero, del mismo modo que no tenéis que guardarla encerrada en una caja de oro si queréis obtener una respuesta a vuestras preguntas, no debéis quedaros en este lujoso palacio. Si plantáis esta semilla, poniéndola en contacto con la tierra a la cual pertenece, y la exponéis a la lluvia, el aire, el sol y la luz de la luna y de las estrellas, empezará a crecer como un pequeño universo. Debe estar más tiempo en su jardín para tomar contacto con las fuerzas de la naturaleza y con todo lo que vive. Fuentes inagotables de energía fluyen hacia la semilla de trigo plantada en la tierra; de la misma manera fluirán hacia vos manantiales de comprensión y conocimiento, hasta que seáis uno con la naturaleza y el universo. Si observáis el crecimiento de esta semilla, entenderéis que contiene un poder misterioso, el poder de la vida. Al mirarlo suficientemente tiempo, os percataréis de que la semilla desaparece y es sustituida por una planta que vence los obstáculos y va creciendo más y más porque contiene la vida en ella misma. Las piedras no tienen este misterioso poder de la vida que permite a la planta crecer y vencer a la muerte: si arrojáis una piedra al aire, caerá al suelo. La germinación de la semilla y el crecimiento de la planta hacia el sol es una victoria contra la muerte.

Entonces el rey contestó:

—Lo que dices es verdad, pero la planta acabará muriéndose y volviendo a la tierra, ¿no es así?

—No, porque antes habrá creado, al transformarse ella misma, centenares de semillas que son cada una como la primera. La semilla desaparece haciéndose planta, al igual que vos, al crecer, os vais transformando en otra persona. Parece que desaparece una gran verdad cuando se transforma en otra, pero en realidad, es ella misma la que vuelve con más energía aún, como las cien semillas que sustituyen a la primera. Y vos también dejaréis algún día de ser quien sois ahora, para transformaros en alguién mucho más rico, de acuerdo con la ley que dice que la vida crea cada vez más vida, la verdad cada vez más verdad y la semilla cada vez más semillas. Esta semilla de trigo contesta a una de vuestras preguntas: os enseña que todo es movimiento, que todo cambia y se transforma; que la vida es el resultado de la lucha entre dos fuerzas opuestas. Si ahora permanecéis unos momentos en vuestro jardín mirando la tierra, la lluvia, el cielo y las estrellas, os enseñarán muchas más verdades parecidas a ésta. Esta semilla de trigo es realmente un gran Maesto; agradezcamos a Zarathustra el habérnosla enviado. Vayamos mañana a visitarlo para escuchar sus enseñanzas; contestará a todas vuestras preguntas y yo podré también sacar enseñanzas de su conocimiento y sabiduría.

El rey, conmovido por las palabras de Tchengregasha, aceptó y algunos días más tarde llegaron al jardín de Zarathustra. Entendieron enseguida el método que empleaba para enseñar a sus discípulos: su único libro era el gran libro de la naturaleza y enseñaba a sus discípulos a leerlo.

En el jardín de Zarathustra descubrieron otra gran verdad: al vivir sencilla y naturalmente, la fuerza total del desarrollo individual manifiesta totalmente su creatividad y su dinamismo.

Durante un año Zarathustra les enseñó a leer las leyes de la vida en el gran libro de la naturaleza. Luego el rey regresó a su palacio no sin antes pedir a Zarathustra que escribiera lo esencial de sus enseñanzas; así se creó el *Zend-Avesta*, el fundamento de la religión oficial de Persia. Tchengregasha era poeta y filósofo, así que, de vuelta a la India, resumió todo lo que había aprendido con Zarathustra en los himnos del *Rig-Veda*, uno de los libros sagrados de Oriente.

Persia fue una gran nación, desarrollándose con armonía mientras iba siguiendo las enseñanzas profundas y sencillas de Zarathustra, mientras el modo de vida del pueblo se mantuvo natural, sobrio y creativo, de acuerdo con las enseñanzas del *Zend Avesta*. Pero, al igual que todos los países en su apogeo, cuando se alejó del modo de vida sencillo y patriarcal, y cuando el exceso de bienes condujo a la pereza, se rindió ante los ejércitos de una nación guerrera en pleno desarrollo, la cual sacaba su energía de la misma pureza y sencillez de vida con la que vivía antes Persia.

Éste es el ciclo perpetuo de la historia universal. El destino individual, así como el del país, está siempre relacionado con su grado de armonía con las fuerzas de la naturaleza, las leyes de la vida y del universo.

Extractado de *The Essene Teachings of Zarathustra*; E. Bordeaux-Szekely, C-IBS International Cartago, Costa Rica.

ÍNDICE

Prólogo del Sadruddin Aga Khan	7
Introducción	9
Por qué los germinados	11
¿Qué es la germinación?	15
La germinación de las semillas	29
El cultivo de brotes	45
Recetas	61
El jardinero del hogar	77
Anexo 1. El abono casero	79
Anexo 2. Preguntas y respuestas	85
Anexo 3. Clasificación de los alimentos	95
Anexo 4. Valor nutritivo de los brotes y germinados ...	107
Y para acabar, un cuento	119